Point를 콕콕 짚어주는

한식조리산업기사

실기편

한국산업인력공단 국가기술자격검정 수험서

Korean Traditional Food

Point를 콕콕 짚어주는

한식조리산업기사

실기편

김이수

백산출판사

책을 내면서

"가장 한국적인 것이 세계적인 것이다"라는 평범한 진리 앞에 이제 한식은 "웰빙 음식, 저칼로리 음식, 발효음식"이라는 인식과 함께 세계화 · 국제화라는 시대적 흐름과 한류 열풍으로 관심과 기대는 매우 커지고 있습니다.

우리의 음식인 한식은 "slow food"의 대명사로 기다림의 미학을 드러내는 발효음식으로 바쁘게 살아가는 현대인들에게는 거리감이 있는 음식처럼 느껴질 수도 있으나 오히려 몸에 좋은 한식을 섭취함으로써 쉽게 잃을 수도 있는 건강을 되찾을 수도 있는 약이 되는 음식입니다.

한 나라의 고유 음식은 그 민족만의 동질감과 단결력을 갖게 하여 하나의 새로운 문화 형성과 정체성 형성에 중요한 의미를 함축하게 합니다. 이에 우리 고유의 음식은 종류와 조리법, 재료의 쓰임새와 담음새가 다양하고 멋스러우며 맛의 깊이는 물론 색감, 영양까지도 우수합니다. 또한 우리 고유 음식에는 아름다운 사계와 절기가 음식에 녹아 있으며 선조들의 유머와 지혜가 담겨져 있습니다.

따라서 본서는 우리 전통 음식인 궁중음식의 맥과 의미를 되새기고 한식의 우수성과 아름다움에 자부심과 긍지를 갖게 하며 글로벌트렌드에 맞춰 새로운 감각으로 궁중음식이 끊임없이 발전해 나가기를 기원하며 아울러 국가기술자격증인 산업기사 취득에도 좋은 결과 있기를 희망합니다.

마지막으로 이 책이 출판되기 위해 격려와 수고를 아끼지 않으신 (주) 백산출판사 진욱상 사장님을 비롯하여 백산 가족 여러분께 깊은 감사를 드립니다. 또한 궁중음식의 전통과 산업기사 자격증 취득을 위한 좋은 조리지침서로 활용되기를 희망하며 미흡한 점은 지속적으로 수정 · 보완해 나가도록 하겠습니다.

저자 김이수

한식조리산업기사 실기

Korean Traditional Food

한식조리산업기사 실기

차 례

Part 4 _ 선 · 찜 · 조림(초)

Part 5 _ 볶음 · 구이

Part 6 _ 적 · 전

Korean Traditional Food

Part 9 _ 마른 찬

Part 10 _ 장아찌 · 김치

Part 11 _ 후식 · 기타

출제기준(필기)

직무 분야	음식 서비스	중직무 분야	조리	자격 종목	조리산업기사(한식)	적용 기간	2012.1.1 ~ 2015.12.31

• 직무내용 : 한식조리부분에 배속되어 제공될 음식에 대한 계획을 세우고 조리할 재료를 선정, 구입, 검수, 보관 및 저장하며 적절한 조리기구를 선택하여 영양적이고 위생적인 음식을 제공하는 직무 조리시설 및 기구를 위생적으로 관리, 유지하며 단체급식 및 외식경영을 관리하는 직무

필기검정방법	객관식	문제수	80	시험시간	2시간

필기과목명	문제수	주요항목	세부항목	세세항목
식품위생 및 관련 법규	20	1. 식품위생개론	1. 식품위생의 의의	1. 식품위생의 의의 및 행정기구
			2. 식품과 미생물	1. 미생물의 종류와 특성 2. 미생물에 의한 식품의 변질 3. 미생물 관리 4. 미생물에 의한 감염과 면역
		2. 식중독 관리	1. 세균성 식중독	1. 세균성 식중독의 특징 및 예방대책
			2. 자연독 식중독	1. 자연독 식중독의 특징 및 예방대책
			3. 화학성 식중독	1. 화학성 식중독의 특징 및 예방대책
			4. 곰팡이 독소	1. 곰팡이 독소의 특징 및 예방대책
		3. 식품과 감염병	1. 경구감염병	1. 경구감염병의 특징 및 예방대책
			2. 인수공통감염병	1. 인수공통감염병의 특징 및 예방대책
			3. 식품과 기생충병	1. 식품과 기생충병의 특징 및 예방대책
			4. 식품과 위생동물	1. 위생동물의 특징 및 예방대책
		4. 살균 및 소독	1. 살균 및 소독	1. 살균 및 소독
		5. 식품첨가물	1. 식품첨가물	1. 식품첨가물 일반정보 2. 식품첨가물 규격기준
		6. 유해물질	1. 유해물질	1. 중금속 2. 조리 및 가공에서 기인하는 유해물질

필기과목명	문제수	주요항목	세부항목	세세항목
		7. 식품위생관련 법규	1. 식품위생관련법규	1. 총칙 2. 식품 및 식품첨가물 3. 기구와 용기 · 포장 4. 표시 5. 식품 등의 공전 6. 검사 등 7. 영업 8. 조리사 및 영양사 9. 시정명령 · 허가취소 등 행정제재 10. 보칙 11. 벌칙
		8. 식품위생관리	1. HACCP, PL 등	1. HACCP, PL 등의 개념 및 관리
			2. 개인위생관리	1. 개인위생관리
			3. 단체급식시설 위생관리	1. 단체급식시설의 위생관리
식품학	20	1. 식품과 영양	1. 식품과 영양	1. 식품군별 분류 2. 영양소의 기능 및 영양섭취기준
			2. 식품의 일반성분	1. 수분 2. 탄수화물 3. 지질 4. 단백질 5. 무기질 6. 비타민
			3. 식품의 특수성분	1. 식품의 맛 2. 식품의 색 3. 식품의 갈변 4. 식품의 냄새 5. 기타 특수성분
			4. 식품과 효소	1. 식품과 효소
조리이론 및 원가계산	20	1. 조리과학	1. 기본조리조작	1. 조리와 식품의 물리화학적 특성 2. 기본조리조작
			2. 가열조리	1. 습열조리 2. 건열조리
			3. 비가열조리	1. 비가열조리

필기과목명	문제수	주요항목	세부항목	세세항목
		2. 조리이론	1. 재료별 조리특성 및 원리	1. 곡류 및 두류 2. 수조육류 및 어패류 3. 난류 4. 우유 및 유제품 5. 채소 및 과일 6. 해조류 7. 유지류 8. 냉동식품의 조리 9. 조미료 및 향신료
			2. 식품의 가공 및 저장	1. 식품의 가공 및 저장의 기초 2. 식재료별 가공 및 저장 3. 유전자재조합 및 방사선 조사식품
		3. 단체급식 및 외식 경영관리	1. 메뉴관리	1. 식품군 및 식사구성안 2. 레시피 작성 3. 메뉴 분석 및 개발
			2. 원가관리	1. 원가의 개념 2. 원가분석 및 계산
			3. 식품 구매 및 검수관리	1. 식품의 구매 및 검수관리 2. 식품출납관리
			4. 작업관리	1. 작업장의 동선관리 2. 작업장의 안전관리 3. 설비 및 조리기기 관리 4. 인력관리
공중보건학	20	1. 공중보건	1. 공중보건학의 개념	1. 공중보건학의 개념
			2. 환경위생 및 환경오염	1. 일광 2. 공기 및 대기오염 3. 상하수도, 오물처리 및 수질오염 4. 소음 및 진동 5. 구충구서

필기과목명	문제수	주요항목	세부항목	세세항목
			3. 산업보건	1. 산업보건의 개념과 직업병관리
			4. 역학 및 감염병관리	1. 역학 일반
				2. 급만성감염병관리
			5. 보건관리	1. 보건행정
				2. 인구와 보건
				3. 보건영양
				4. 모자보건, 성인 및 노인보건
				5. 학교보건

출제기준(실기)

직무 분야	음식 서비스	중직무 분야	조리	자격 종목	조리산업기사(한식)	적용 기간	2012.1.1 ~ 2015.12.31

• 직무내용 : 한식조리부분에 배속되어 제공될 음식에 대한 계획을 세우고 조리할 재료를 선정, 구입, 검수, 보관 및 저장하며 적절한 조리기구를 선택하여 영양적이고 위생적인 음식을 제공하는 직무 조리시설 및 기구를 위생적으로 관리, 유지하며 단체급식 및 외식경영을 관리하는 직무

• 수행준거 : 1. 한식의 고유한 형태와 맛을 표현할 수 있고 메뉴개발을 할 수 있다.
2. 식재료의 특성을 이해하고 용도에 맞게 손질할 수 있다.
3. 한식 조리에 필요한 식재료의 분량과 양념의 비율을 맞출 수 있다.
4. 조리과정의 순서를 알고 적절한 도구를 사용할 수 있다.
5. 기초조리기술을 능숙하게 할 수 있다.
6. 완성한 음식을 적절한 그릇을 선택하여 담는 원칙에 따라 모양 있게 담을 수 있다.
7. 한식 상차림을 할 수 있다.
8. 조리과정이 위생적이고, 정리정돈을 잘 할 수 있다.

실기검정방법	작업형	시험시간	2시간 정도
실기과목명	**주요항목**	**세부항목**	**세세항목**
한식조리 작업	1. 기초조리작업	1. 식재료 식별하기	1. 식재료의 상태를 식별할 수 있다.
		2. 식재료 기초 손질 및 모양 썰기	1. 식재료를 각 음식의 형태와 특징에 따라 분류하고 손질할 수 있다.
	2. 음식에 따른 조리작업	1. 밥류 조리하기	1. 재료의 특성을 이해하고 주어진 재료를 사용하여 요구사항대로 밥류를 조리할 수 있다.
		2. 죽류 조리하기	1. 재료의 특성을 이해하고 주어진 재료를 사용하여 요구사항대로 죽류를 조리할 수 있다.
		3. 국수와 만두류 조리하기	1. 재료의 특성을 이해하고 주어진 재료를 사용하여 요구사항대로 국수와 만두류를 조리할 수 있다.
		4. 국과 탕류 조리하기	1. 재료의 특성을 이해하고 주어진 재료를 사용하여 요구사항대로 국과 탕류를 조리할 수 있다.
		5. 전골과 찌개류 조리하기	1. 재료의 특성을 이해하고 주어진 재료를 사용하여 요구사항대로 전골과 찌개류를 소리할 수 있다.
		6. 찜과 선류 조리하기	1. 재료의 특성을 이해하고 주어진 재료를 사용하여 요구사항대로 찜과 선류를 조리할 수 있다.

실기과목명	주요항목	세부항목	세세항목
		7. 생채류 조리하기	1. 재료의 특성을 이해하고 주어진 재료를 사용하여 요구사항대로 생채류를 조리할 수 있다.
		8. 숙채류 조리하기	1. 재료의 특성을 이해하고 주어진 재료를 사용하여 요구사항대로 숙채류를 조리할 수 있다.
		9. 구이와 적류 조리하기	1. 재료의 특성을 이해하고 주어진 재료를 사용하여 요구사항대로 구이와 적류를 조리할 수 있다.
		10. 전류 조리하기	1. 재료의 특성을 이해하고 주어진 재료를 사용하여 요구사항대로 전류를 조리할 수 있다.
		11. 조림과 초류 조리하기	1. 재료의 특성을 이해하고 주어진 재료를 사용하여 요구사항대로 조림과 초류를 조리할 수 있다.
		12. 볶음류 조리하기	1. 재료의 특성을 이해하고 주어진 재료를 사용하여 요구사항대로 볶음류를 조리할 수 있다.
		13. 회류 조리하기	1. 재료의 특성을 이해하고 주어진 재료를 사용하여 요구사항대로 회류를 조리할 수 있다.
		14. 마른 찬류 조리하기	1. 재료의 특성을 이해하고 주어진 재료를 사용하여 요구사항대로 마른찬류를 조리할 수 있다.
		15. 장아찌류 조리하기	1. 재료의 특성을 이해하고 주어진 재료를 사용하여 요구사항대로 장아찌류를 조리할 수 있다.
		16. 김치류 조리하기	1. 재료의 특성을 이해하고 주어진 재료를 사용하여 요구사항대로 김치류를 조리할 수 있다.
		17. 떡 · 다과류 조리하기	1. 재료의 특성을 이해하고 주어진 재료를 사용하여 요구사항대로 떡 · 다과류를 조리할 수 있다.

실기과목명	주요항목	세부항목	세세항목
	3. 상차림	1. 상차림하기	1. 적절한 그릇에 담는 원칙에 따라 음식을 모양 있게 담아 음식의 특성을 살려 낼 수 있다. 2. 상차림(5첩반상)에 따라 음식이 놓여지는 위치를 알고 배선할 수 있다.
	4. 조리작업관리	1. 조리작업 위생관리하기	1. 조리복 · 위생모 착용, 개인위생 및 청결 상태를 유지할 수 있다. 2. 식재료를 청결하게 취급하며 전 과정을 위생적으로 정리정돈하고 조리할 수 있다.

한식조리산업기사 실기

조리의 기본

1. 계량

조리를 능률적 · 합리적 · 과학적으로 하기 위해서는 정확하게 계량할 수 있어야 한다. 계량이란 무게, 부피, 온도, 시간의 측정을 말한다.

1) 계량기구

❶ 저울 : 재료의 무게를 측정하기 위한 기구로 최근에는 디지털저울의 사용이 많아졌다.

올바른 사용방법

- 저울에 달 수 있는 최소와 최대 중량을 확인
- 저울의 위치를 고정시키고 수평을 맞춘다.
- 0자릿수를 맞춘다.
- 계량이 끝나면 바로 식품을 내려놓는다.
- 수분이나 더러운 것이 묻었을 때는 바로 깨끗이 닦는다.
- 저울을 옮길 때 아래의 대를 들어 옮긴다.
- 정기적으로 검사를 받는다.

식품의 계량단위

1컵(Cup, C)=200cc=13과 1/3큰술

1큰술(Table spoon, Tbsp)=15cc=3ts

1작은술(tea spoon, tsp)=5cc

1Lb(파운드)=454g

1gallon=3.8ℓ

1관=10근

1근=600g(설탕, 육류), 375g(채소, 밀가루, 과일)

1가마=10말(쌀 1가마=80kg)

1말=10되

1되=1.8ℓ =10홉

1홉=180cc

❷ 계량컵과 계량스푼 : 한국식 1컵은 200cc이고, 서양식 1컵은 240cc 기준이다. 또한 2/3컵, 1/2컵, 1/4컵으로 나뉘어 있다. 계량스푼 1큰술(Tbsp : table spoon)은 15cc이고, 1작은술(tsp : tea spoon)은 5cc 기준이다.

올바른 사용방법

- 사용하는 계량컵이나 스푼에 물이나 기름을 묻히지 않는다.
- 액체식품은 컵이나 스푼에 약간 솟아오를 정도로 가득 채워서 잰다.
- 가루식품은 체에 쳐서 컵이나 스푼에 누르지 않고 소복이 담아서 윗면을 수평이 되도록 깎아서 잰다.
- 된장이나 다진 고기 등은 빈 공간이 없도록 채워서 윗면을 수평이 되도록 깎아서 잰다.
- 입자형의 식품은 컵에 가득 담아 살짝 흔들어서 윗면을 수평이 되도록 깎아서 잰다.

❸ 온도계 : 온도를 측정하기 위한 기구로 보통은 막대모양의 온도계를 사용하지만, 100℃ 이하에서는 알코올온도계, 100~300℃의 높은 온도를 잴 때에는 수은온도계가 적당하다.

❹ 타이머 : 정확한 조리시간을 맞춰 조리하는 기구이다.

❺ 염도계 : 국이나 찌개의 짠맛 정도를 측정하는 기구이다.

❻ 비중계 : 비중을 측정하는 기구이다.

〈표 1-1〉 조미식품의 중량표

(단위 : g)

식품명	1작은술	1큰술	1컵	식품명	1작은술	1큰술	1컵
물	5.0	15.0	200	다진 마늘	3.0	9.0	120.0
간장	5.7	17.0	230	다진 파	3.0	9.0	120.0
식초	5.0	15.0	200	다진 생강	3.0	9.0	120.0
술	5.0	15.0	200	깐 마늘			110.0
굵은소금	4.5	13.0	160	깐 생강			115.0
꽃소금	4.0	12.0	156	화학조미료	3.5	10.5	140.0
설탕	4.0	12.0	160	고춧가루	2.0	6.0	80.0
꿀, 물엿, 조청	6.0	18.0	290	계핏가루	2.0	6.0	80.0
식물성 기름	4.0	13.0	170	겨잣가루	2.0	6.0	80.0
참기름	4.0	13.0	170	후춧가루	3.0	9.0	120.0
고추장	6.0	18.0	240	통깨	2.0	7.0	90.0
된장	5.0	17.0	220	깨소금	2.0	6.0	80.0
새우젓	6.0	18.0	240	밀가루	3.0	8.0	105.0
멸치액젓	6.0	18.0	240	녹말가루	3.0	8.0	110.0

〈표 1-2〉 식품의 중량표

구분	식품명	계량	중량(g)	식품명	계량	중량(g)	식품명	계량	중량(g)
곡류	백미	1컵	160	밀	1컵	160	옥수수	1컵	155
	현미	1컵	160	대두	1컵	160	차조	1컵	160
	찹쌀	1컵	160	녹두	1컵	170	메조	1컵	165
	보리쌀	1컵	180	팥	1컵	165	기장쌀	1컵	160
	압맥	1컵	110	강낭콩	1컵	160	수수	1컵	180
	참깨	1컵	120	들깨	1컵	110	흑임자	1컵	110
각종 가루	밀가루(강력분)	1컵	105	콩가루(생것)	1컵	98	잣가루	1컵	90
	밀가루(중력분)	1컵	105	콩가루(볶은 것)	1컵	85	도토리녹말	1컵	130
	밀가루(박력분)	1컵	100	팥가루	1컵	125	칡녹말	1컵	140
	차수숫가루	1컵	90	메줏가루	1컵	80	거피팥고물	1컵	114
	쌀가루	1컵	100	엿기름가루	1컵	115	볶은 기피팥고물	1컵	108
건과류	구기자	1컵	70	잣	1컵	140	대추	1컵	70
	오미자	1컵	100	밤(껍질 까서)	1컵	160	호두(껍질 까서)	1컵	80
	모과(말린 것)	1컵	60	곶감	1개	40	은행(껍질 까서)	1컵	160

식품명		계량	중량(g)	식품명	계량	중량(g)	식품명	계량	중량(g)
채소	배추	1개	2,000	오이	1개	200	마늘	1통	30
	무	1개	1,000	애호박	1개	300	생강	1쪽	20
	감자	1개	200	양파	1개	200	굵은 파	1뿌리	80
	고구마	1개	150	풋고추	1개	15	실파	1뿌리	20
	연근	1개	200	가지	1개	150	다홍고추	1개	20
	토란	1개	45	쑥갓	1단	230	부추	1단	250
	우엉	1개	200	시금치	1단	250	미나리	1단	250
	당근	1개	200	상추	1단	300	달래	1단	80
	양배추	1개	800	두릅	10개	120	도라지	5뿌리	100
	양상추	1개	400	더덕	5개	120	고사리	1컵	200
	죽순(삶아서)	1개	200	표고버섯(날것)	5개	85	고비	1컵	200
	숙주나물	1봉	300	느타리버섯(날것)	5개	85	콩나물	1봉	300
육류·어패류	쇠고기(다져서)	1컵	200	민어	1마리	2,000	중하	1마리	50
	돼지고기(다져서)	1컵	200	농어	1마리	2,000	대하	1마리	100
	닭고기(다져서)	1컵	200	조기	1마리	400	홍합살	1컵	200
	꿩	1마리	1,000	도미	1마리	1,000	새우살	1컵	120
	닭	1마리	1,200	넙치	1마리	1,100	조갯살	1컵	200
	오징어	1마리	500	준치	1마리	700	굴	1컵	200
	낙지	1마리	200	갈치	1마리	600	마른 오징어	1마리	100
	갑오징어	1마리	500	고등어	1마리	600	북어포	1마리	70
	해삼	1마리	100	동태	1마리	600	암치	1장	700
	전복	1개	200	전갱이	1마리	300	뱅어포	1장	20
	꽃게	1마리	300	정어리	1마리	150	마른 멸치	1컵	50
과실류	사과	1개	250	참외	1개	300	레몬	1개	150
	배	1개	400	복숭아	1개	140	딸기	1개	20
	감	1개	200	자두	1개	40	앵두	1컵	150
	귤	1개	100	유자	1개	110	수박	1개	2,000
기타	달걀	1개	55	메추리알	1개	15	두부	1모	250
	김	5장	5	미역(불려서)	1컵	150	우유	1컵	200

2) 목측량

목측량에 제시한 재료는 가정에서 쉽게 구할 수 있는 중간크기를 말하며 조리할 때마다 적용하여 익숙해지면 조리분량을 계산하는 데 매우 편리하다.

〈표 1-3〉 재료의 목측량

구분	재료	단위	무게	비고
곡류 및 서류	쌀	1C	180g	1되=800g
	찹쌀	1C	180g	1되=800g
	감자	1개	100g	
두류	콩	1C	160g	1되=720g
	적두	1C	160g	
가루 및 두류가공품	손두부	1모	400g	
	청포묵	1모	300g	
	녹말가루	1C	110g	
	감자전분	1C	90g	1Tbsp=7g
	밀가루	1C	105g	1Tbsp=8g
	쌀가루(젖은 것)	1C	85g	
	엿기름가루	1C	115g	
채소류	수삼	1근	300g	5뿌리
	팽이버섯	1봉	100g	
	대파	1대	40g	大 100g
	오이(소박이)	1개	100g	백다다기-소박이용 오이
	취청오이	1개	150g	
	고추	1개	10g	大 20g
	양파	1개	150g	
	피망	1개	80g	
	쑥갓	1단	230g	1Box=4kg
	시금치	1단	300g	1Box=4kg
	미나리	1단	180g	1줌 두께 360g
	애호박	1개	200g	천둥호박 1개=3kg
	배추	1통	2kg	
	콩나물	1봉	300g	
	무	1개	1kg	
	더덕	5뿌리	60g	
	통마늘	1통	30g	
과일류	사과	1개	300g	1Box=15kg
	배	1개	500g	
	귤	1개	100g	1Box=120개 크기
	딸기	1개	15g	100g에 6~7알
버섯류	건표고버섯(中)	5장	25g	
육류 및 가금류	소갈비	1토막	80g	
	돈족	1개	300g	장족 1개=1.5kg
	다진 고기	1C	200g	
	닭고기	1마리	1kg	삼계용 닭 400g

구분	재료	단위	무게	비고
난류	달걀	1개	50g	
어패류 및 해조류	오징어	1마리	200g	
	꽃게	1마리	400g	
	중하	1마리	30g	
	대하	1마리	100g	
	황태	1마리	70g	1쾌=20마리
	깐 생굴	1C	200g	
	깐 새우살	1C	200g	
	건멸치	1C	50g	볶음용
	마른 새우살	1C	70g	
	깐 소라살	1개	50g	
양념 및 고명	고추장	1C	250g	1Tbsp=20g
	된장	1C	240g	1Tbsp=18g
	간장	1C	230g	1Tbsp=17g
	꽃소금	1C	130g	1Tbsp=9g
	설탕	1C	180g	1Tbsp=14g
	물엿	1C	290g	1Tbsp=23g
	꿀	1C	300g	1Tbsp=23g
	식초	1C	200cc	1Tbsp=15cc
	청주	1C	200cc	1Tbsp=15cc
	식용유	1C	180g	1Tbsp=14g
	참기름	1C	180g	1Tbsp=14g
	멸치액젓	1C	240g	1Tbsp=18g
	새우젓	1C	240g	1Tbsp=18g
	다진 파	1C	180g	1Tbsp=14g
	깐 마늘	1C	110g	다진 마늘 1C=160g, 1Tbsp=12g
	깐 생강	1C	115g	
	굵은 고춧가루	1C	80g	1Tbsp=6g
	가는 고춧가루	1C	100g	1Tbsp=7.5g
	겨잣가루	1C	80g	1Tbsp=6g
	참깨	1C	90g	1Tbsp=7g
	깨소금	1C	90g	1Tbsp=7g
	흑임자	1C	110g	1Tbsp=8g
	들깨	1C	95g	1Tbsp=7g
	깐 호두살	1C	80g	1개=5g
	깐 은행	1C	160g	10알=16g
	실백	1C	140g	1Tbsp=10g=약 50알
	대추	1개	2g	폐백용 대추(大)=5g
	깐 생밤	10개	100g	

3) 팽창률

국수, 미역 등의 마른 재료를 물을 첨가하거나 가열하면 무게와 부피가 팽창하는데, 각 식품의 팽창률을 알고 있으면 요리나 구매할 때 많은 도움이 된다. 또한 건조 정도에 따라 식품의 팽창률이 달라진다.

〈표 1-4〉 조리식품의 팽창률

구분	말린 식품	팽창률
삶았을 때	당면, 마른국수	3배
	젖은 국수(칼국수)	2배
불렸을 때	콩	2.6배
	팥	1.3배
	표고버섯	5배
	목이버섯	10배
	석이버섯	2.5배
	호박오가리, 고사리	6배
	미역	7배

2. 조리작업의 분류

- 기본적인 작업 : 계량, 씻기, 담그기, 썰기, 갈기, 으깨기, 섞기, 식히기, 냉동, 해동
- 주된 조리작업 : 가열하기(습열조리, 건열조리), 무치기, 굳히기

〈표 2-1〉 가열방법의 종류

가열방법		열전달매체	주된 전열법
습열가열	끓이기	물	대류
	삶기	물	대류
	밥 짓기	물	대류
	찌기	수증기	대류(응축)
건열조리	튀기기	기름	–
	직화에 굽기	–	대류
	간접굽기	금속판 등	방사(복사), 전도
	오븐에 굽기	공기, 금속판	대류, 전도, 방사(복사)

3. 칼의 사용법

칼의 부분 명칭과 용도

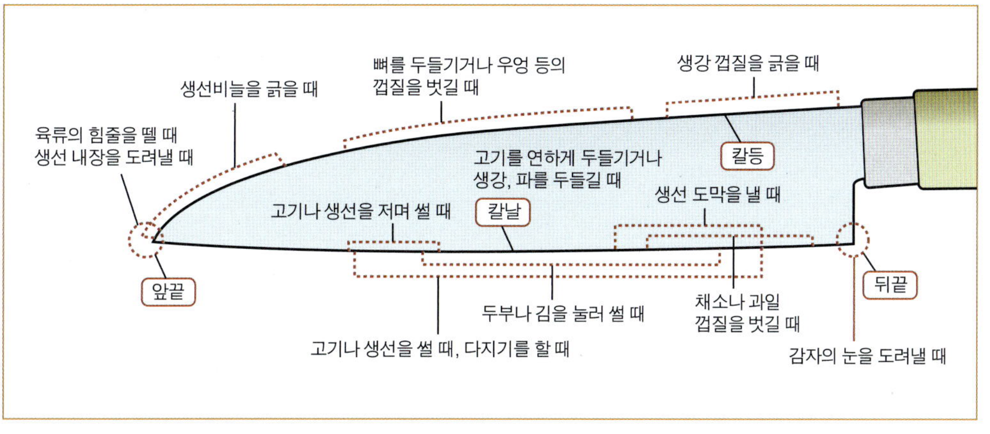

가열조리방법

❶ 습열조리법

㉠ 데치기(blanching) : 물은 재료의 5배 이상 넣어 물과 색을 고정하기 위하여 1% 정도의 소금을 함께 넣고, 100℃의 끓는 물에 식품을 넣어 단시간에 가열 처리하는 방법을 말한다.

㉡ 삶기(boiling) : 98~100℃의 끓는 물에서 익혀내는 조리법으로, 육류나 어패류를 삶을 때 끓는 물에 넣어야 표면의 단백질이 응고되어 육즙의 유출을 막고 모양이 흐트러지지 않는다.

㉢ 조림(stewing) : 센 불에서 양념장이 끓기 시작하면 불을 중불로 낮추어 서서히 졸여야 양념장이 재료의 속까지 잘 배어들고 재료의 맛성분이 용출되어 국물의 맛이 어우러진다.

㉣ 찜(steaming) : 수증기의 증기열에 의해 음식을 익히는 방법으로, 수증기가 충분히 생성된 후에 재료를 넣고 익혀야 재료의 표면에 물기가 형성되지 않는다. 또한 물의 양은 용기의 40~50% 정도가 적당하다. 물이 너무 많으면 물이 끓어 재료의 밑에 물기가 배어 축축해지며 너무 적으면 수증기가 적어 음식을 충분히 익히지 못하고 냄비가 타는 원인이 된다.

㉤ 중탕(double boiling) : 중탕은 끓는 물에 용기를 넣어 일정한 온도에서 가열하는 방법이다. 수란은 중탕에 의해 계란의 표면이 부드럽게 응고된 후 물속에 완전히 넣어 익히는 조리법이다.

❷ 건열조리법

㉠ 구이(grilling) : 보통 석쇠구이로 표면이 타지 않게 재료와 불의 거리는 7~10cm 정도를 유지하여 굽는다.

㉡ 볶음(saute) : 소량의 기름을 이용하여 뜨거운 팬에서 음식을 익히는 방법으로, 달군 팬에 소량의 기름을 넣어 높은 온도에서 단시간에 볶는다.

㉢ 지지기(griddle) : 뜨겁게 달구어진 팬에 기름을 가볍게 두르고 재료를 서서히 익혀내는 것으로 전 지질 때의 조리법이다.

㉣ 튀기기(deep fat frying) : 튀김팬에 재료가 잠길 만큼 기름을 넣고 바삭하게 튀겨낸다. 온도는 150℃(냄비의 밑에 가라앉았다가 떠오르지 않으며 튀겨지는 정도), 160℃(냄비의 밑에 가라앉자마자 곧 떠오르며 튀겨지는 정도), 170℃(기름의 중간 정도까지 가라앉다가 떠오르며 튀겨지는 정도), 180℃(표면에 가라앉지 않고 튀겨지는 정도), 190℃(표면에서 재료가 퍼져나가면서 바로 튀겨지는 정도)로 나누어진다.

Korean Traditional Food

한식조리산업기사 실기

Part 1
밥 · 죽류

비빔밥

시험시간
50분

♣ 시금치된장국, 장산적, 오이생채, 나박김치와 출제됨
(과년도 : 2002.10.6, 2008.10.7)

요구사항

주어진 재료를 사용하여 다음과 같이 비빔밥을 만드시오.

❶ 채소, 쇠고기, 황백지단의 크기는 0.3×0.3×5cm로 한다. (단, 지급된 재료의 크기에 따라 가감한다.)
❷ 호박은 돌려깎기하여 0.3×0.3×5cm로 한다.
❸ 청포묵의 크기는 0.5×0.5×5cm로 한다.
❹ 밥을 담은 위에 준비된 재료들의 색을 맞추어 돌려 담는다.
❺ 볶은 고추장은 완성된 밥 위에 얹어낸다.
※ 시험장에 따라 요구사항과 지급재료 목록에 변동이 있을 수 있으니 주의하시오.

지급재료 목록

• 쌀(30분 정도 물에 불린 쌀) 150g • 애호박(중(길이 6cm)) 60g • 도라지(찢은 것) 20g • 고사리(불린 것) 30g
• 청포묵(중(길이 6cm)) 40g • 쇠고기(살코기) 30g • 달걀 1개 • 건다시마(5×5cm) 1장 • 고추장 40g • 식용유 30㎖
• 대파(흰부분(4cm 정도)) 1토막 • 마늘(중(깐 것)) 2쪽 • 진간장 15㎖ • 백설탕 15g • 깨소금 5g • 검은후춧가루 1g
• 참기름 5㎖ • 소금(정제염) 10g

양념 비율

• **간장양념** : 간장 1Ts, 설탕 1/2Ts, 다진 파 1ts, 다진 마늘 1/2ts, 깨소금 1/2ts, 참기름 1/2ts, 검은후춧가루 약간
• **약고추장** : 다진 쇠고기, 고추장 2Ts, 설탕 1ts, 물은 농도를 보면서 맞추어서 넣는다.

만드는 법

❶ 불려서 나온 쌀은 수분을 빼어 양을 잰 후 냄비에 안쳐서 고슬고슬하게 지어 놓는다. 이때 불은 센 불에서 시작하여 끓으면 약한 불로 줄였다가 끄고 10분 정도 뜸들이기를 한다. (밥물은 쌀과 동량으로 한다.)
❷ 애호박은 0.3×0.3×5㎝로 돌려깎기하여 썬 다음 소금에 살짝 절인다.
❸ 찢어서 나온 도라지도 0.3×0.3×5㎝로 채썰어 소금으로 주물러서 쓴맛을 뺀다.
❹ 대파와 마늘은 곱게 다진 다음 간장양념장을 만들어 놓는다.
❺ 고사리의 딱딱한 줄기는 잘라내고 5cm 길이로 잘라 양념해 둔다.
❻ 쇠고기 2/3는 채썰어 양념해 두고, 1/3은 곱게 다져서 약고추장에 넣어준다.
❼ 청포묵은 0.5×0.5×5㎝로 채썰어 소금, 참기름으로 양념한다.
❽ 달걀은 황백으로 나누어 소금 간을 한 후 잘 저어서 풀어 놓는다.
❾ 팬을 달구어 기름을 넣은 후 다시마, 지단, 도라지, 호박, 고사리, 쇠고기, 약고추장 순으로 볶아낸다.
(다시마를 튀긴 다음 설탕을 뿌려서 잘게 부순다. 고사리와 도라지를 볶을 때 소량의 물을 넣으면 부드럽게 볶아진다.)
❿ 완성 그릇에 밥을 먼저 담고, 밥이 가장자리에 보이도록 나물의 색을 맞춰 담은 다음 약고추장을 얹는다.

Point

• 밥 지을 때 밥물이 넘치면 뚜껑에 젖은 행주를 올린다. 이렇게 하면 열 발산을 막아 밥물이 넘치지 않고 고슬고슬하며 맛있는 밥을 지을 수 있다.
• 모든 야채는 성형할 때 길이 먼저 재단하여 썬 다음 두께, 폭을 맞추어 썰면 좋다. 예를 들어 애호박의 경우 5cm 길이 먼저 재단하여 썰고, 0.3cm 두께로 돌려깎기하여 0.3cm 폭으로 채썬다.
• 볶을 때는 반드시 물기를 제거해야 기름이 튀기지 않는다(화상주의).
• 다시마를 튀길 때 기름 2Ts을 넣어 튀기고 남은 기름은 맛기름으로 볶을 때 사용하면 더욱 맛있어진다.
• 프라이팬을 사용할 때는 깨끗한 것부터 순서대로 볶는다.
• 약고추장을 볶을 때 기름의 양이 많으면 밥 위에 얹어 낼 때 기름이 배어 나오므로 소량만 넣는다. 다진 쇠고기를 볶아서 익힌 다음 양념고추장을 넣어 약한 불에서 타지 않게 볶는다.
• 나물과 고명은 가장자리에 밥이 보이도록 색을 맞춰 조화 있게 담는다.

콩나물밥

시험시간 **40분**

✤ 잡채, 두부선, 장김치, 너비아니와 출제됨
(과년도 : 2003.10.7, 2006.10.12, 2011.5.8)

요구사항

주어진 재료를 사용하여 다음과 같이 콩나물밥을 만드시오.

❶ 콩나물은 꼬리를 다듬고 쇠고기는 채썰어 간장양념을 하시오.

❷ 쌀과 함께 밥을 지어 전량 제출하시오.

※ 시험장에 따라 요구사항과 지급재료 목록에 변동이 있을 수 있으니 주의하시오.

지급재료 목록

• 쌀(30분 정도 물에 불린 쌀) 150g • 콩나물 60g • 쇠고기(살코기) 30g • 대파(흰부분(4cm 정도)) 1/2토막 • 마늘(중(깐 것)) 1쪽 • 진간장 5㎖ • 참기름 5㎖

양념 비율

• **간장양념** : 간장 1ts, 참기름 1ts, 다진 파 1/2ts, 다진 마늘 1/4ts(설탕이 들어가면 쌀알이 설익으므로 설탕을 뺀다. 또한 양념과 양념의 양을 모르면 지급재료 목록을 보면서 넣는다.)

만드는 법

❶ 불려서 나온 쌀은 수분을 뺀 후 양을 잰다.
❷ 대파와 마늘은 곱게 다진 다음 간장양념장을 만들어 놓는다.
❸ 쇠고기는 곱게 채썬 다음 양념을 한다.
❹ 콩나물은 껍질을 제거하고 꼬리를 깔끔하게 다듬어 놓는다.
❺ 냄비에 쌀, 콩나물, 양념한 쇠고기를 얹고 밥물을 부어 밥을 짓는다. 이때 불은 센 불에서 시작하여 끓으면 약한 불로 줄였다가 불 끄고 10분 정도 뜸들이기를 한다. (밥물은 쌀과 동량으로 한다.)
❻ 잘 지어진 밥에 콩나물과 쇠고기를 고루 섞어서 그릇에 담는다.

Point

• 야채를 넣어 밥을 지을 때에는 밥물을 쌀보다 적게 넣어야 하지만, 시험장에서는 불린 쌀(150g)이 1컵 정도 나오므로 쌀과 밥물을 동량으로 한다. (참고 : 일반 밥의 경우 불린 쌀 1 : 물의 양 1/ 야채 밥의 경우 불린 쌀 1 : 물의 양 0.7~0.8)
• 냄비에 안칠 때 먼저 콩나물 반을 깔고, 쌀 반을 넣고, 양념한 쇠고기 반을 넣고, 또 같은 방법으로 남은 콩나물→쌀→양념한 쇠고기 순으로 안쳐서 밥을 하면 좋다.
• 콩나물밥을 짓는 동안 뚜껑을 열지 않아야 콩 비린내가 안 난다.
• 밥 짓을 때 밥물이 넘치면 뚜껑에 젖은 행주를 올린다. 이렇게 하면 열 발산을 막아 밥물이 넘치지 않아 고슬고슬하며 맛있는 밥을 지을 수 있다.

Memo

장국죽

시험시간
30분

- 북어보푸라기, 나박김치, 매듭자반, 명란찌개와 출제됨
  (과년도 : 2003.10.6, 2006.10.12, 2011.5.10)
- 제육구이, 잡채, 장김치, 양동구리와 출제됨
  (과년도 : 2007.10.12, 2011.5.9)

요구사항

주어진 재료를 사용하여 다음과 같이 장국죽을 만드시오.

❶ 불린 쌀을 반 정도로 싸라기를 만들어 죽을 쑤시오.
❷ 쇠고기는 다지고 불린 표고는 3cm 정도의 길이로 채써시오. (단, 지급된 재료의 크기에 따라 가감한다.)
※ 시험장에 따라 요구사항과 지급재료 목록에 변동이 있을 수 있으니 주의하시오.

지급재료 목록

- 쌀(30분 정도 물에 불린 쌀) 100g • 쇠고기(살코기) 20g • 건표고버섯(지름 5cm 정도, 물에 불린 것) 1개
- 대파(흰부분(4cm 정도)) 1토막 • 마늘(중(깐 것)) 1쪽 • 진간장 15㎖ • 깨소금 5g
- 검은후춧가루 1g • 참기름 10㎖

양념 비율

- **간장양념** : 간장 1ts, 다진 파 1/2ts, 다진 마늘 1/4ts, 참기름 약간, 검은후춧가루 약간(설탕이 들어가면 쌀알이 설익으므로 설탕을 뺀다. 또한 양념과 양념의 양을 모를 경우는 지급재료 목록을 보면서 넣는다.)

만드는 법

❶ 불려서 나온 쌀은 수분을 뺀 후 양을 재서 쌀을 반 정도 싸라기로 부순다.
❷ 대파와 마늘은 곱게 다진 다음 고기양념장을 만들어 놓는다.
❸ 불려서 나온 표고버섯은 3cm 길이로 채썰어 간장양념을 해둔다.
❹ 쇠고기는 곱게 다져서 고기양념을 해둔다.
❺ 냄비에 참기름을 두르고 양념한 쇠고기를 볶다가 표고버섯을 넣고, 쌀을 넣어 잠시 더 볶은 뒤 쌀 분량의 5~6배의 물을 넣고 끓어오르면 거품을 제거하고, 중간 불로 낮추어 쌀이 퍼질 때까지 눌어붙지 않도록 가끔씩 나무주걱으로 저으면서 끓인다.
❻ 죽이 잘 퍼지면 빛깔을 보며 간장으로 간을 맞춘다(소금은 삭제됨).
❼ 그릇에 보기 좋게 담고 표고로 모양을 낸다.

Point

- 물은 쌀 분량의 5~6배가 좋다.
- 시험장에서 쌀과 표고버섯이 충분히 불려서 안 나올 경우 물을 끓여 불려서 사용한다. 표고버섯은 반드시 수분을 제거하여 기둥을 떼고, 여러 번 포 떠서 채썰어야 가는 채가 된다.
- 쇠고기와 표고버섯에 간장양념을 해서 끓이는 죽이므로 죽의 색을 낼 때 간장색이 너무 진해지지 않도록 주의한다. 소금이 삭제되었으므로 간장으로 색깔과 간을 맞춘다.
- 죽은 미리 끓여 놓으면 식으면서 되직해지므로 그릇에 담기 직전에 농도와 색깔, 간을 맞추어 담는다. 또한 죽의 농도가 되직하여 물을 부었을 경우에는 한 번 더 끓여주어야 죽 위에 맑은 물이 뜨지 않는다.

Memo

호박죽

시험시간
30분

✤ 밀쌈, 나박김치, 도라지생채, 대합찜과 출제됨
(과년도 : 2001.11.5)

요구사항

주어진 재료를 사용하여 다음과 같이 호박죽을 만드시오.

❶ 농도를 맞추어 죽그릇에 담아 제출하시오.

※ 시험장에 따라 요구사항과 지급재료 목록에 변동이 있을 수 있으니 주의하시오.

지급재료 목록

• 단호박 1/2개 • 찹쌀가루 1/2컵 • 설탕 20g • 소금 5g • 양대콩 2큰술 • 밤 4개

만드는 법

❶ 단호박은 단단한 껍질을 벗겨 얄팍하게 썰어 호박이 잠길 만큼의 물을 붓고, 처음에는 센 불에서 끓이다가 끓어오르면 불을 약하게 하여 뚜껑을 덮고 은근히 무르도록 푹 삶는다.
❷ 단호박이 푹 삶아졌으면 단호박물 1/2컵을 덜어내고 삶은 호박은 체에 내려 다시 냄비에 넣고 끓인다.
❸ 양대콩은 충분히 불린 후 부드럽게 삶는다.
❹ 밤은 껍질을 벗겨 부드럽게 삶아 양대콩과 함께 설탕, 소금을 넣고 조린다.
❺ 찹쌀가루는 단호박물(1/2컵)에 개어서 삶은 단호박에 조금씩 넣어가며 덩어리지지 않도록 나무주걱으로 풀어준다.
❻ 죽이 걸쭉해지면 소금과 설탕을 넣어 간을 맞추고, 조린 양대콩과 밤을 함께 그릇에 담아 낸다.

Point

• 호박죽의 농도는 조르륵 흘러야 하며, 풀처럼 뚝뚝 떨어지면 안된다.
• 단호박을 쓸 경우 설탕의 양을 줄이고, 늙은 호박만 쓸 경우에는 설탕을 더 넣는다.
• 요구사항에 따라서 새알심을 넣기도 한다.

Memo

Korean
Traditional Food

Part 2 면 · 만두류

만둣국

시험시간 **45분**

✤ 어채, 깍두기, 장떡, 오이선과 출제됨
(과년도 : 2002.10.3, 2006.10.10, 2010.9.16)

요구사항

주어진 재료를 사용하여 다음과 같이 만둣국을 만드시오.

❶ 만두피는 지름 8cm의 둥근 모양으로 하여, 5개를 만드시오.

❷ 달걀은 황백지단, 미나리 초대를 고명으로 한다(완자모양(마름모꼴)).

※ 시험장에 따라 요구사항과 지급재료 목록에 변동이 있을 수 있으니 주의하시오.

지급재료 목록

• 밀가루(중력분) 60g • 쇠고기(살코기) 60g • 두부 50g • 숙주(생것) 30g • 배추김치 40g • 달걀 1개
• 미나리(줄기부분) 20g • 대파(흰부분(4cm 정도)) 1토막 • 마늘(중(깐 것)) 2쪽 • 소금(정제염) 5g
• 검은후춧가루 2g • 식용유 5㎖ • 깨소금 5g • 참기름 10㎖ • 국간장 5㎖

양념 비율

• 만두소 양념 : 소금 1/2ts, 다진 파 1ts, 다진 마늘 1/2ts, 깨소금 1ts, 참기름 1ts

만드는 법

❶ 숙주나물은 끓는 물에 소금을 넣고 살짝 데쳐 물기를 제거한 후 다진다.
❷ 쇠고기는 핏물을 제거하여 1/3 정도 덩어리째 대파 · 마늘과 함께 찬물에 넣어 끓여서 면보에 걸러낸 후 국간장과 소금으로 간을 하고, 나머지 2/3 정도는 다진다.
❸ 밀가루는 체에 내려 여분의 밀가루를 남기고 소금물을 넣어 반죽한 후 위생팩에 넣어둔다.
❹ 대파와 마늘은 곱게 다져 만두소 양념으로 사용한다.
❺ 두부는 면보에 물기를 짜서 으깬다.
❻ 김치는 속을 털어내고 김칫국물을 짠 후 다진다.
❼ 위의 다진 쇠고기, 두부, 숙주, 김치에 갖은 양념을 하여 골고루 섞어 소를 만든다.
❽ 달걀은 황백으로 분리한 뒤 지단을 부쳐 마름모꼴로 썰고 미나리 초대도 같은 모양으로 준비한다.
❾ 반죽은 6등분하여 얇게 밀어 지름 8cm의 둥근 모양으로 만들어 소를 넣고 주름이 많이 잡히지 않도록 만두를 6개 정도 빚는다.
❿ 육수가 끓으면 만두를 넣고 냄비 바닥에 눋지 않도록 저어주고, 만두가 떠오르면 4분 정도 더 익힌 다음 그릇에 담고, 황백지단과 미나리 초대를 고명으로 띄워 낸다.

Point

• 만두소의 재료는 물기를 꼭 짜주어야 만두가 터지지 않고 질지 않아서 좋다.
• 만두피를 밀 때 돌려가면서 가장자리를 얇게 민다. 이때 덧가루는 국물을 탁하게 하므로 적게 사용하고, 덧가루를 털어낸다.
• 육수가 끓으면 만두를 넣어 바닥에 눋지 않도록 한 번 저어주고, 중불에서 끓여야 만두가 터지지 않는다.
• 미나리 초대가 떨어지지 않도록 주의하고 미나리 초대의 색이 선명하도록 한다.

Memo

규아상
(미만두)

시험시간
45분

✤ 알찜, 오이소박이, 호박전, 멸치조림과 출제됨
(과년도 : 2003.10.6)

요구사항

주어진 재료를 사용하여 다음과 같이 규아상을 만드시오.

❶ 7개를 만들어 쪄서 초간장과 함께 제출하시오.

※ 시험장에 따라 요구사항과 지급재료 목록에 변동이 있을 수 있으니 주의하시오.

지급재료 목록

• 담쟁이잎 10g • 대파 1개 • 마늘 1톨 • 쇠고기 150g • 표고 5개 • 잣 10g • 오이 1/2개 • 설탕 5g
• 간장 15㎖ • 밀가루 10g • 식용유 5㎖ • 식초 5㎖ • 소금 5g • 깨소금 2g
• 참기름 5㎖ • 검은후춧가루 2g

양념 비율

• **간장양념** : 간장 1ts, 설탕 1/2ts, 다진 파 1/2ts, 다진 마늘 1/4ts, 참기름 약간, 검은후춧가루 약간
• **초간장** : 식초 1ts, 간장 1ts, 설탕 1/2ts

만드는 법

❶ 표고는 물을 끓여서 불려 놓는다.
❷ 오이는 돌려깎기하여 채썬 다음 소금에 살짝 절인다.
❸ 밀가루는 체에 내려서 여분의 밀가루를 남기고 소금물을 넣어 반죽하여 위생팩에 넣어둔다.
❹ 파, 마늘을 곱게 다져 간장양념을 만들어 놓는다.
❺ 불린 표고는 수분을 제거하고 가늘게 채썰어 간장양념을 한다.
❻ 쇠고기는 핏물을 제거하고 곱게 다져 간장양념을 한다.
❼ 프라이팬에 기름을 두르고 수분을 제거한 오이, 표고, 쇠고기를 순서대로 볶아 식힌 다음, 잣을 넣고 고루 섞어 만두소를 만든다.
❽ 반죽을 7등분해서 얇게 밀어 지름 8cm의 둥근 모양으로 만들어 소를 넣은 후 양쪽자락의 맞닿는 부분을 붙인 다음, 양끝은 삼각으로 하고 해삼처럼 등에 주름을 잡아 7개를 빚는다.
❾ 찜통에 젖은 면보를 깔고 만두를 겹치지 않게 놓은 후 약 5분 정도 찐다.
❿ 담쟁이잎을 접시에 깔고 찐만두를 위에 담은 후 초간장을 함께 곁들여 낸다.

Point

• 규아상은 일명 미만두라고도 하는 궁중의 여름철 찐만두이다.
• 시험장에 담쟁이잎이 나올 경우 찜통에 찔 때 밑에 깔아서 찌고, 접시에 담을 때도 새 담쟁이잎을 깔아 담아 낸다.
• 소의 재료는 모두 익힌 것이므로 잠깐만 (약 5분 정도) 쪄도 된다.
• 반죽은 위생팩에 30분 정도 넣었다가 사용하면 좋다.

Memo

편수

시험시간
40분

✤ 구절판, 깻잎전, 알찜, 오이생채와 출제됨
(과년도 : 2007.10.13)

요구사항

주어진 재료를 사용하여 다음과 같이 편수를 만드시오.

❶ 편수는 삶은 후 육수를 붓고 만두 6개와 초간장을 제출하시오.

※ 시험장에 따라 요구사항과 지급재료 목록에 변동이 있을 수 있으니 주의하시오.

지급재료 목록

• 애호박 1/2개 • 대파 1개 • 마늘 1톨 • 쇠고기 150g • 표고 5개 • 잣 10g • 숙주 30g • 설탕 5g • 간장 15㎖ • 밀가루 10g • 식용유 5㎖ • 식초 5㎖ • 소금 5g • 깨소금 2g • 참기름 5㎖ • 검은후춧가루 2g • 달걀 1개

양념 비율

• 간장양념 : 간장 1ts, 설탕 1/2ts, 다진 파 1/2ts, 다진 마늘 1/4ts, 참기름 약간, 검은후춧가루 약간
• 초간장 : 식초 1ts, 간장 1ts, 설탕 1/2ts

만드는 법

❶ 숙주는 씻어서 끓는 물에 소금을 약간 넣어 데친 후 찬물에 헹구어 물기를 제거하고 송송 썬다.
❷ 파, 마늘은 곱게 다져 고기양념장을 만들어 놓는다.
❸ 쇠고기는 반은 육수로 사용하고 반은 곱게 다지고, 표고버섯은 곱게 채썰어 고기양념을 한 후 번철에 볶아 식힌다.
❹ 호박은 돌려깎기하여 채썬 후 소금에 살짝 절여 수분을 제거하고 팬에 기름을 둘러 센 불에 재빨리 볶아 접시에 펴서 식힌다.
❺ 밀가루에 소금물을 넣고 반죽하여 30분 정도 두었다가 얇게 밀어 사방 8cm 정도의 정사각형으로 만두피를 만든다.
❻ 달걀은 황백으로 나누어 지단을 부쳐서 완자형으로 썬다.
❼ 익힌 채소와 고기를 섞어 소를 만든다.
❽ 사각의 만두피를 도마 위에 펴고 소를 한 큰술 정도 가운데 놓고 잣을 한 알씩 얹은 다음 네 귀를 한데 모아서 맞닿는 자리를 마주 붙여 네모지게 빚는다.
❾ 끓는 물에 편수를 넣고 삶아서 바로 찬물에 헹구어 건지거나 찜통에 넣어 쪄낸다.
❿ 그릇에 익힌 편수를 담고 간을 맞추어 차게 식힌 육수를 부어 지단고명을 올려 초간장을 곁들여 낸다.

Point

• 육수의 기름이 뜨지 않도록 여러 번 면보에 걸러낸다.
• 찜통에 찔 경우 5분 정도만 찐다.
• 편수는 여름철에 차게 먹는 사각진 모양의 만두이다.
• 편수는 쪄서 그대로 초장에 찍어 먹기도 한다.

Memo

어만두

시험시간
50분

✤ 오이소박이, 수란, 두부선, 삼색경단과 출제됨
(과년도 : 2003.10.7, 2007.10.13, 2011.5.8)

요구사항

주어진 재료를 사용하여 다음과 같이 어만두를 만드시오.

❶ 생선살을 7~9cm 정도 크기로 얇게 포를 떠서 사용하시오.
❷ 어만두는 6개를 만드시오.
❸ 겨자초장을 곁들여 제출하시오.
※ 시험장에 따라 요구사항과 지급재료 목록에 변동이 있을 수 있으니 주의하시오.

지급재료 목록

• 동태(400g 정도) 1/2마리 • 쇠고기 50g • 오이 1/2개 • 숙주 50g • 표고버섯 3장 • 목이버섯 2장 • 소금 5g
• 흰후춧가루 2g • 녹말가루 50g • 겨잣가루 5g • 간장 30㎖ • 설탕 10g • 식초 15㎖
• 대파 1대 • 마늘 1톨

양념 비율

• 겨자 초간장 : 발효겨자 1작은술, 간장 1큰술, 식초 1큰술, 설탕 1/2큰술
• 간장양념 : 간장 1ts, 설탕 1/2ts, 다진 파 1/2ts, 다진 마늘 1/4ts, 참기름 약간, 검은후춧가루 약간

만드는 법

❶ 생선은 내장을 빼고 껍질을 벗긴 후 칼을 눕혀 폭과 길이가 7~9cm 정도 되게 얇게 떠서 소금과 흰후춧가루를 뿌린다.
❷ 숙주는 끓는 물에 소금을 넣고 데쳐서 물기를 꼭 짠 후 송송 썰고, 오이는 돌려깎기하여 채썬 후 소금에 절였다가 살짝 볶아서 식힌다.
❸ 파, 마늘은 곱게 다져 고기양념장을 만들어 놓는다.
❹ 쇠고기는 곱게 다지고, 표고버섯과 목이버섯은 곱게 채 썰어 합한 후 고기양념을 하여 번철에 볶아 식힌다.
❺ ①의 생선살을 반듯하게 펴서 녹말을 묻히고, 한편에 소를 놓아 둥그렇게 만든 다음 표면에 다시 녹말을 묻혀 수분이 흡수될 때까지 둔다.
❻ ⑤의 만두는 열이 오른 찜통에서 젖은 면보를 깔고 생선이 투명하게 되도록 찐다.
❼ 겨자 초간장을 곁들여 낸다.

Point

• 생선포는 되도록 얇게 떠야 모양도 예쁘고 만들기가 쉽다.
• 어만두의 표면에 전분가루가 충분히 스며든 후 찜통에서 쪄내야 몸이 매끄럽고 깨끗하다.
• 날 전분가루가 그대로 묻은 채로 쪄지지 않도록 유의한다.
• 어만두에 곁들일 재료는 메뉴의 구성이나 지급되는 재료 혹은 요구사항에 따라 만들 수도 있고 만들지 않을 수도 있다.
• 곁들일 오이, 홍고추, 표고버섯, 석이버섯, 달걀은 2×4cm의 골패형으로 썰어 녹말을 묻혀 데친 후 바로 찬물에 헹구어 접시에 장식한다.

Memo

칼국수

시험시간
30분

※ 수란, 겉절이, 수정과, 대추초와 출제됨
(과년도 : 2006.10.11)

요구사항

주어진 재료를 사용하여 다음과 같이 칼국수를 만드시오.

1. 국수의 굵기는 두께 0.1cm 정도, 폭은 0.2cm 정도가 되도록 하시오.
2. 애호박은 돌려깎기하고, 표고버섯은 채썰어 볶아 실고추와 함께 고명으로 사용하시오.
3. 국수와 국물의 비율은 1 : 2 정도가 되도록 하시오.

※ 시험장에 따라 요구사항과 지급재료 목록에 변동이 있을 수 있으니 주의하시오.

지급재료 목록

- 밀가루(중력분) 100g • 멸치(장국용(대)) 20g • 애호박(중(길이 6cm)) 60g
- 건표고버섯(지름 5cm 정도, 물에 불린 것) 1개(부서지지 않은 것) • 실고추 1g(길이 10cm 1~2줄기)
- 마늘(중(깐 것)) 1쪽 • 대파(흰부분(4cm 정도)) 1토막 • 식용유 10㎖ • 소금(정제염) 5g • 진간장 5㎖ • 국간장 5㎖
- 참기름 5㎖ • 백설탕 5g

양념 비율

- **멸치다시** : 멸치와 찬물 3컵을 넣고 국물을 만든 후 국간장 1ts, 소금 1/2작은술을 넣는다.
- **표고버섯양념** : 설탕, 간장, 참기름

만드는 법

❶ 냄비에 물을 조금 안쳐 끓이고, 밀가루는 체에 내려 여분의 밀가루를 남긴 후 소금을 넣고 익반죽하여 위생팩에 넣어둔다.

❷ 멸치는 내장과 머리를 제거하고 기름 두르지 않은 냄비에 살짝 볶아 찬물에서 대파와 마늘을 넣고 끓으면 거품을 걷어내며 충분히 우러나면 면보에 걸러 국간장과 소금을 넣어 간을 맞춘다.

❸ 호박은 5cm 길이로 토막내어 돌려깎기한 후 0.2×0.2×5cm로 채썰어 소금에 살짝 절인 뒤 면보로 물기를 제거한다.

❹ 불려서 나온 표고는 물기와 기둥을 제거하고, 0.2×0.2×5cm로 채썰어 양념한다(길이는 지급된 길이에 따라서 가감한다).

❺ 실고추는 2cm 길이로 짧게 잘라 물기 없는 곳에 준비한다.

❻ 팬에 기름을 두르고 호박, 표고버섯을 볶아낸다.

❼ 알맞게 숙성시킨 밀가루 반죽을 두께 0.1cm로 얇게 밀어 밀가루를 뿌리고 겹겹이 접어 0.2cm 폭으로 썬 다음 골고루 헤쳐 놓는다.

❽ 육수가 끓으면 썰어 놓은 국수를 넣고 냄비 바닥에 눋지 않도록 저어주며 끓인다.

❾ 그릇에 칼국수를 담고 호박 · 표고버섯 · 실고추를 고명으로 얹고, 국수 2배 정도의 국물을 담아 낸다.

Point

- 반죽 시 식용유를 약간 넣으면 밀 때 붙지 않고 면발에 윤기가 난다.
- 반죽을 밀 때 덧가루를 많이 쓰면 서로 달라붙지 않아서 좋으나 국물이 걸쭉하고 탁해지므로, 반드시 덧가루를 훌훌 털어 여분의 밀가루를 없앤다.

Korean Traditional Food

Part 3 국 · 탕 · 찌개

두부젓국찌개

시험시간 **20분**

✤ 나박김치, 생선전, 죽순채, 쇠고기장국과 출제됨(**과년도 : 2005.9.27**)

✤ 무생채, 오이선, 꽃게찜, 사슬적과 출제됨(**과년도 : 2004.9.22, 2007.10.11, 2011.5.9**)

요구사항

주어진 재료를 사용하여 다음과 같이 두부젓국찌개를 만드시오.

❶ 두부는 폭과 길이가 2×3cm, 두께가 1cm 되도록 써시오.

❷ 붉은 고추는 0.5×3cm, 실파는 3cm 길이로 써시오.

❸ 찌개의 국물은 200㎖로 하여 담으시오.

※ 시험장에 따라 요구사항과 지급재료 목록에 변동이 있을 수 있으니 주의하시오.

지급재료 목록

- 두부 100g • 생굴(껍질 벗긴 것) 30g • 실파 1뿌리 • 홍고추(생) 1/2개 • 새우젓 10g • 마늘(중(깐 것)) 1쪽
- 참기름 5㎖ • 소금(정제염) 5g

양념 비율

- 물 2컵+새우젓 2번 정도 우려서 사용+소금 1/2작은술→참기름 2~3방울

만드는 법

❶ 냄비에 물 2컵을 끓인다.
❷ 굴은 연한 소금물에 흔들어 씻어 굴 껍질을 골라내고 물기를 제거하여 준비한다.
❸ 두부는 폭과 길이가 2×3cm, 두께가 1cm 되도록 썬다.
❹ 붉은 고추는 반으로 갈라 씨를 털어내고 0.5×3cm 크기로 썰고, 실파는 3cm 길이로 썬다. 마늘은 채썬다.
❺ 냄비에 물이 끓으면 새우젓과 소금으로 간한 뒤 두부를 넣고 한소끔 끓인 후 굴을 넣고 거품을 제거한 후 붉은 고추, 마늘을 넣고 끓이다가 실파를 넣고 불을 끈 후 참기름을 2~3방울 떨어뜨린다.
❻ 그릇에 건더기를 먼저 담고, 찌개 국물은 200㎖를 담는다.

Point

- 두부젓국찌개는 끓을 때 두부가 부스러지지 않도록 주의하고, 두부가 위로 떠오를 때까지 익히고 나서, 굴을 넣고 동그랗게 부풀어 오르면 불을 끈다. 굴을 넣고 오래 끓이면 국물이 탁해진다.
- 새우젓은 뜨거운 물을 넣고 2번 정도 우려내서 사용하면 맑은 찌개를 끓일 수 있고, 한결 더 담백한 맛을 낼 수 있다.

Memo

명란젓 찌개

시험시간
25분

✤ 북어보푸라기, 나박김치, 장국죽, 매듭자반과 출제됨
(과년도 : 2003.10.16, 2006.10.12, 2011.5.10)

요구사항

주어진 재료를 사용하여 다음과 같이 명란젓찌개를 만드시오.

❶ 젓갈은 3cm 크기로 잘라 찌개를 완성하여 제출하시오.

※ 시험장에 따라 요구사항과 지급재료 목록에 변동이 있을 수 있으니 주의하시오.

지급재료 목록

• 두부 100g • 명란 100g • 실파 2뿌리 • 무 100g • 새우젓 10g • 마늘(중(깐 것)) 2쪽 • 참기름 5㎖
• 소금(정제염) 5g • 국간장 5g • 대파(흰부분(4cm)) 1토막 • 검은후춧가루 2g • 쇠고기 100g

양념 비율

• 고기(간장)양념 : 국간장 1ts, 다진 파 · 다진 마늘 · 참기름 · 후춧가루 약간

만드는 법

❶ 쇠고기는 얇게 저며 썰어 양념을 하여 냄비에 참기름을 두르고 볶다가 물을 부어 중간 불에서 장국을 끓인다.
❷ 명란젓은 3cm 폭으로 자르고, 무와 두부는 2×3×1cm 크기로 썰고, 파는 4cm 길이로 썬다.
❸ ①의 국물에 무를 넣어 익으면 명란, 두부를 넣어 끓인다.
❹ 명란과 두부가 익으면 새우젓과 소금으로 간하여 실파를 넣고 잠시 끓인 다음 불을 끄고 완성그릇에 담은 후 참기름을 넣는다.

Point

• 명란젓은 물로 씻지 않는다.
• 명란젓은 고춧가루양념이 많이 묻으면 국물이 지저분해지므로 살짝 닦아낸 후 사용한다.
• 명란찌개는 명란젓 자체가 짭짤하게 간이 되어 있으므로 특별히 다른 간을 할 필요가 없다.
• 오래 끓이면 알이 흩어져 국물이 지저분해지므로 주의한다.
• 두부와 명란, 새우젓만 나오는 경우도 있으므로 지급재료 목록을 확인하고, 목록에 있는 식재료만 사용한다.

Memo

된장찌개

시험시간 **30분**

✤ 양파전, 깍두기, 사슬적, 도라지정과와 출제됨 (과년도 : 2001.11.7)

요구사항

주어진 재료를 사용하여 다음과 같이 된장찌개를 만드시오.

❶ 두부는 사방 2.5cm 크기로 썰어 찌개를 완성하여 제출하시오.

※ 시험장에 따라 요구사항과 지급재료 목록에 변동이 있을 수 있으니 주의하시오.

지급재료 목록

• 된장 40g • 쇠고기 50g • 두부 40g • 애호박 40g • 표고버섯 1장 • 풋고추 2개 • 홍고추 1개 • 대파 1/2대
• 마늘 2톨 • 고춧가루 5g • 국간장 15㎖ • 후춧가루 2g • 참기름 5㎖

양념 비율

• **된장국물** : 쌀뜨물(=물) 3컵, 된장 3큰술, 고춧가루 1작은술, 다진 마늘 1작은술
• **고기양념** : 국간장 1작은술, 다진 마늘 1/4작은술, 참기름 1/4작은술, 후춧가루 약간

만드는 법

❶ 쇠고기는 납작하게 썰어 고기양념을 한다.
❷ 호박은 0.5cm 두께로 썰어 반달형 또는 은행잎 모양으로 썰고, 표고버섯은 불려 4등분한다.
❸ 두부는 사방 2.5cm로 썰고, 대파와 고추는 어슷하게 썬다.
❹ 쌀뜨물로 된장 국물을 만든다.
❺ 냄비에 참기름을 두르고 쇠고기를 넣어 볶다가 된장국물을 붓고 잠시 끓인 후 호박과 표고버섯, 두부를 넣고 끓인다.
❻ 한소끔 끓여서 맛이 들면 대파, 고추를 넣고 잠시 더 끓인다.

Point

• 된장은 콩을 발효시켜 만든 식품으로, 음식의 간을 맞추고 맛을 내는 조미료의 역할을 한다.
• 쌀뜨물이 없으면 물을 대신 사용한다.
• 시금치된장국과 해물된장찌개도 출제되었다.
• 쇠고기는 양념하여 볶아서 사용해도 되고, 육수를 이용해도 된다.

Memo

완자탕

시험시간 **30분**

✤ 북어보푸라기, 오이숙장아찌, 호두조림, 두부선과 출제됨
(과년도 : 2009.4.25)

요구사항

주어진 재료를 사용하여 다음과 같이 완자탕을 만드시오.

❶ 완자는 직경 3cm 정도로 6개를 만들고 국 국물의 양은 200㎖ 정도로 하시오.

❷ 고명으로 황백지단(마름모꼴)을 띄우시오.

※ 시험장에 따라 요구사항과 지급재료 목록에 변동이 있을 수 있으니 주의하시오.

지급재료 목록

• 쇠고기(살코기) 50g • 쇠고기(사태부위) 20g • 달걀 1개 • 대파(흰부분(4cm 정도)) 1/2토막 • 밀가루(중력분) 10g
• 마늘(중(깐 것)) 2쪽 • 식용유 20㎖ • 소금(정제염) 10g • 검은후춧가루 2g • 두부 15g
• 키친타월(종이)(주방용(소 18×20cm)) 1장 • 국간장 5㎖ • 참기름 5㎖ • 깨소금 5g • 백설탕 5g

양념 비율

• 쇠고기 · 두부양념 : 소금 1/2ts, 설탕 조금, 다진 파 1ts , 다진 마늘 1/2ts, 깨소금 1ts, 참기름 1ts(만두소의 양념에 설탕만 넣어준다.)

만드는 법

❶ 사태부위 쇠고기는 핏물을 빼고, 찬물에 대파와 마늘을 넣고 센 불에서 끓으면 거품을 제거하여 약한 불에서 끓인 후 면보에 걸러 국간장, 소금으로 간한다.
❷ 대파와 마늘은 곱게 다진다.
❸ 두부는 면보에 넣어 물기를 짜서 곱게 으깬다.
❹ 살코기 쇠고기는 핏물을 빼고 곱게 다진다.
❺ 으깬 두부와 다진 쇠고기는 소금, 설탕, 다진 파, 다진 마늘, 깨소금, 참기름, 후춧가루로 양념하여 끈기가 생기도록 반죽한 후 직경 3cm의 동그란 완자 6개를 만든다.
❻ 달걀은 황백으로 분리한 뒤 지단을 부쳐 마름모꼴로 썰고 남은 달걀은 썰어서 달걀물을 만든다.
❼ 빚은 완자는 밀가루, 달걀물 순으로 묻혀서 기름 두른 팬에 굴려가며 둥글고 매끈하게 지져내어 키친타월로 여분의 기름기를 제거한 다.
❽ 육수가 끓으면 익힌 완자를 넣어 잠시만 살짝 끓여 그릇에 담고 황백지단을 띄워 낸다.

Point

• 고기는 기름기와 힘줄을 제거하여 곱게 다지고, 두부는 물기를 제거하여 곱게 으깬 후 섞어 많이 치대어야 완자의 모양이 부서지지 않고 예쁘게 나온다.
• 완자에 밀가루를 입힌 후 여분의 밀가루는 털어내야 달걀물이 골고루 잘 묻는다.
• 팬에 완자를 지질 때 기름을 조금만 넣고 중불에 굴려가며 지져야 달걀옷이 벗겨지지 않고 곱게 입는다. 약한 불에 익혀야 타지 않고 속까지 잘 익는다.
• 팬에 익혀낸 완자는 키친타월로 여분의 기름기를 제거해야 육수에 기름이 뜨지 않아 국물이 깨끗하다.
• 육수를 끓일 때 불이 세면 국물이 탁해지므로 주의한다.

Memo

어알탕

시험시간 **30분**

✤ 월과채, 홍합초, 제육구이, 오이선과 함께 출제됨
(과년도 : 2008.10.2, 2009.9.17)

요구사항

주어진 재료를 사용하여 다음과 같이 어알탕을 만드시오.

❶ 어알탕은 1.5cm 크기로 완자를 빚어 완자 9개와 장국 200㎖를 제출하시오.

※ 시험장에 따라 요구사항과 지급재료 목록에 변동이 있을 수 있으니 주의하시오.

지급재료 목록

• 동태(400g 정도) 1/2마리 • 쇠고기(사태) 50g • 달걀 1개 • 실파 2뿌리 • 잣 10g • 국간장 15㎖ • 소금 5g
• 흰후춧가루 2g • 녹말가루 50g • 생강 1톨 • 참기름 5㎖ • 대파 1대 • 마늘 1톨

양념 비율

• 생선양념 : 소금 1/2작은술, 다진 파 1작은술, 다진 마늘 1/2작은술, 참기름 · 생강즙 · 흰후춧가루 약간→잣 1알

만드는 법

❶ 찬물에 쇠고기, 대파, 마늘을 넣어 푹 끓여서 국물은 면보에 거르고 고기는 얄팍하게 썰어 사용하고, 육수는 국간장과 소금으로 간을 한다.
❷ 생선은 살만 발라 곱게 다져서 양념하여 끈기가 나도록 치대어 녹말가루를 넣어 섞은 다음 잣을 하나씩 넣어 1.5cm 크기로 완자 9개를 빚는다.
❸ 완자에 녹말을 묻혀 찬물에 담갔다 건지기를 세 번 반복하여 다시 녹말을 묻혀서 김이 오른 찜통에 젖은 면보를 깔고 5~10분 정도 찐다.
❹ 황백지단을 부쳐 완자모양으로 썰고, 실파는 3cm 길이로 썬다.
❺ 육수가 끓으면 쪄낸 완자를 넣고 잠시 끓인 후 실파를 넣는다.
❻ 어알탕과 편육을 담고 황백지단을 띄운다.

Point

• 생선살은 최대한 곱게 다지고, 수분을 반드시 제거한 후 양념을 해야 물기가 많이 생기지 않고, 녹말가루도 덜 넣기 때문에 완자가 부드럽고 덜 부서진다.
• 육수에 완자를 넣고 살짝만 끓여야 부서지지 않고 국물이 맑게 나온다.
• 쇠고기는 납작하게 썰어 양념에 무쳐서 물을 부어 맑은 장국을 끓여 국간장으로 간을 맞추는 조리법도 있다.(쇠고기양념 : 소금, 다진 마늘, 참기름, 후춧가루)

Memo

애탕

시험시간
30분

⚜ 북어보푸라기, 표고전, 잡채, 두부선과 출제됨
(과년도 : 2001.11.6)

요구사항

주어진 재료를 사용하여 다음과 같이 애탕을 만드시오.

❶ 완자는 지름 2.5cm 크기로 하여 200㎖의 장국을 부어 내시오.

❷ 9개의 완자를 만들어 내시오.

※ 시험장에 따라 요구사항과 지급재료 목록에 변동이 있을 수 있으니 주의하시오.

지급재료 목록

• 쑥 100g • 대파 1개 • 마늘 1톨 • 쇠고기 150g • 잣 10g • 실파 2뿌리 • 설탕 5g • 달걀 1개 • 밀가루 10g • 식용유 5㎖ • 소금 5g • 국간장 5㎖ • 깨소금 2g • 참기름 5㎖ • 검은후춧가루 2g

양념 비율

• **장국** : 물 3컵, 쇠고기→국간장 1작은술, 소금 1/2작은술
• **완자양념** : 소금 2/3작은술, 다진 파 1큰술, 다진 마늘 1/2큰술, 깨소금 1작은술, 참기름 1작은술, 검은후춧가루 약간

만드는 법

❶ 쇠고기의 1/3은 육수를 내고, 나머지는 곱게 다진다.
❷ 쑥은 연한 것으로 골라 끓는 물에 살짝 데쳐서 찬물에 헹군 다음 물기를 꼭 짜서 곱게 다진다.
❸ 쇠고기에 고기양념을 넣고 다진 쑥을 넣어 찰기가 나도록 치댄다.
❹ 실파는 3cm 길이로 썬다.
❺ 달걀은 황백으로 나누어 지단을 부치고, 나머지는 섞어 달걀물을 만든다.
❻ ③을 2.5cm 크기로 완자를 만들어 가운데 잣을 넣어가며 빚어서 밀가루와 달걀물을 입힌다.
❼ 장국이 끓으면 국간장과 소금으로 간을 한 후 완자를 넣고 끓어오르면 불을 끄고, 그릇에 담아 지단을 띄워 낸다.

Point

• 쑥이 들어가 잘 뭉쳐지지 않을 수 있으니 끈기가 나도록 많이 치대어야 한다.
• 좀 더 깨끗한 국물을 원하면 완자를 따로 프라이팬에 굴려 익힌 다음 넣으면 된다.
• 애탕을 그릇에 담고 어린 쑥잎을 띄워도 좋다.
• 교자상이나 주안상에 어울리는 국이다.
• 쇠고기는 납작하게 썰어 양념에 무쳐서 물을 부어 맑은 장국을 끓여 국간장으로 간을 맞추는 조리법도 있다.(쇠고기양념 : 소금, 다진 마늘, 참기름, 후춧가루)

Memo

쇠고기 장국

시험시간
25분

✤ 두부젓국찌개, 나박김치, 생선전, 죽순채와 함께 출제됨
(과년도 : 2005.9.27)

요구사항

주어진 재료를 사용하여 다음과 같이 쇠고기장국을 만드시오.

❶ 쇠고기장국은 재료를 3×2cm 크기로 해서 제출하시오.

※ 시험장에 따라 요구사항과 지급재료 목록에 변동이 있을 수 있으니 주의하시오.

지급재료 목록

• 쇠고기(양지) 100g • 대파 1개 • 마늘 1톨 • 국간장 30㎖ • 검은후춧가루 2g • 무 100g • 참기름 20㎖ • 소금 10g

양념 비율

• 고기양념 : 소금 · 마늘 · 참기름 · 후춧가루 약간

만드는 법

❶ 쇠고기는 3×2cm 크기로 썰어 양념을 한다.
❷ 무는 3×2cm 크기로 납작하게 썰고, 마늘은 곱게 다진다.
❸ 냄비에 참기름을 두르고 ①의 고기를 볶고, 무 썬 것과 다진 마늘을 넣어 한데 볶은 다음 물을 넣어 끓인다.
❹ 다시마는 젖은 면보에 깨끗이 닦은 다음 국에 넣어서 함께 끓인다.
❺ 끓어오르기 시작하면 위에 떠오르는 거품과 기름을 수시로 걷어내면서 약한 불에서 은근히 끓인다.
❻ 맛이 충분히 우러나오면 국간장과 소금으로 간을 하고, 다시마는 건져서 무와 같은 크기로 썰고, 대파는 어슷하게 썬다.
❼ 썬 대파와 다시마를 넣고 잠시 더 끓여서 그릇에 담고 후춧가루를 곁들여 낸다.

Point

• 쇠고기를 덩어리로 넣어서 끓여 육수를 내고, 육수에 무를 썰어 넣어 끓이는 방법도 있다.
• 쇠고기는 핏물을 빼고 수시로 거품과 기름을 걷어내야 맑은 국이 된다.
• 국간장은 약간만 넣어 간장색이 나도록 한 다음 소금으로 간을 하면 국물 맛이 더 시원하고 구수하다.
• 무를 납작하게 썰어 고기와 함께 볶아서 물을 부어 짧은 시간에 만드는 무 맑은 국으로 이를 무황볶기탕이라고도 한다.

Memo

Korean Traditional Food

한식조리산업기사 실기

Part 4
선 · 찜 · 조림(초)

오이선

시험시간
25분

- 어채, 만둣국, 깍두기, 장떡과 함께 출제됨 **(과년도 : 2002.10.3, 2006.10.10, 2010.9.16)**
- 어알탕, 월과채, 홍합초, 제육구이와 함께 출제됨**(과년도 : 2008.10.2, 2010.9.17)**
- 무생채, 두부젓국찌개, 꽃게찜, 사슬적과 함께 출제됨**(과년도 : 2004.9.22, 2007.10.11, 2011.5.9)**

요구사항

주어진 재료를 사용하여 다음과 같이 오이선을 만드시오.

❶ 오이를 길이로 1/2등분한 후, 4cm 간격으로 어슷하게 썰어 4개를 만드시오(반원모양).

❷ 일정한 간격으로 3군데 칼집을 넣고 부재료를 일정량씩 색을 맞춰 끼우시오. (단, 달걀은 황백으로 분리하여 사용하시오.)

❸ 촛물을 오이선에 끼얹어 내시오.

※ 시험장에 따라 요구사항과 지급재료 목록에 변동이 있을 수 있으니 주의하시오.

지급재료 목록

• 오이(가늘고 곧은 것(20cm 정도)) 1/2개 • 쇠고기(살코기) 20g • 건표고버섯(지름 5cm 정도, 물에 불린 것) 1개(부서지지 않은 것) • 달걀 1개 • 참기름 5㎖ • 검은후춧가루 1g • 소금(정제염) 20g • 진간장 5㎖ • 백설탕 5g • 식용유 15㎖ • 깨소금 5g • 식초 10㎖ • 대파(흰부분(4cm 정도)) 1토막 • 마늘(중(깐 것)) 1쪽

양념 비율

- 간장양념 : 간장 1ts, 설탕 1/2ts, 다진 파 · 다진 마늘 · 깨소금 · 참기름 · 후춧가루 약간
- 단촛물 : 설탕 1작은술, 식초 1작은술, 물 1작은술, 소금 1/3작은술

만드는 법

❶ 냄비에 물을 끓인다.
❷ 오이는 소금으로 비벼 깨끗이 씻은 후 반으로 길게 잘라 4cm 길이로 어슷하게 썬다.
❸ 오이의 껍질 쪽에 칼집을 3번 어슷하게 일정한 간격으로 넣은 후 미지근한 소금물에 절인 다음 면보에 싸서 물기를 없앤다.
❹ 표고버섯과 쇠고기는 0.1×0.1×3cm 고운체로 썰어 각각 갖은 양념을 해놓는다.
❺ 달걀을 황백으로 나누어 소금간을 한 다음 가볍게 풀어 거품을 제거한다.
❻ 팬에 기름을 두르고 지단, 오이, 표고버섯, 고기를 볶아 접시에 담는다. 지단은 0.1×0.1×3cm 고운체로 썬다.
❼ 파랗게 볶은 오이의 칼집 사이에 볶은 쇠고기와 표고를 같이 섞어 끼우고, 지단은 황백으로 나누어 보기 좋게 끼운다.
❽ 단촛물을 만들어 내기 직전에 오이선 위에 끼얹는다.

Point

- 호박, 오이, 두부, 가지 등을 부드럽게 찌는 것을 선이라고 한다.
- 절인 오이를 기름 두른 팬에 살짝 볶아야 색깔이 곱고 아삭아삭하다.
- 속에 들어가는 소는 곱고 짧아야 오이선 사이에 채울 때 모양이 흐트러지지 않고 얌전하다.
- 오이 칼집 사이에 끼운 소의 길이를 가지런히 정리해 주면 모양이 깔끔하다.
- 오이선은 차게 준비했다가 제출하기 직전에 단촛물을 끼얹어야 색이 변하지 않는다.

Memo

어선

시험시간 **50분**

✤ 화양적, 더덕생채, 호박눈썹나물, 죽순찜과 함께 출제됨
(과년도 : 2004.9.21, 2006.10.11, 2009.4.24, 2010.9.16)

요구사항

주어진 재료를 사용하여 다음과 같이 어선을 만드시오.

❶ 생선살은 어슷하게 포를 떠서 사용하시오.
❷ 오이는 돌려깎기, 표고버섯은 채썰기, 달걀은 황백지단채로 사용하시오.
❸ 완성된 어선은 지름 3cm 정도, 두께 2cm 정도로 6개를 제출하시오.
※ 시험장에 따라 요구사항과 지급재료 목록에 변동이 있을 수 있으니 주의하시오.

지급재료 목록

• 동태(500g 정도) 1마리(동태포는 안됨) • 달걀 1개 • 당근(길이 7cm 정도, 곧은 것) 50g
• 건표고버섯(지름 5cm 정도, 물에 불린 것) 2개(부서지지 않은 것) • 오이(가늘고 곧은 것(20cm 정도)) 1/3개
• 백설탕 15g • 생강 10g • 소금(정제염) 10g • 흰후춧가루 2g • 녹말가루 30g • 진간장 20㎖ • 참기름 5㎖ • 식용유 30㎖

양념 비율

• **표고버섯양념** : 설탕, 간장, 참기름
• **녹말물의 비율** : 물 2 + 녹말가루 1

만드는 법

❶ 찜통에 물을 끓인다.
❷ 생선을 얇게 어슷하게 포를 떠서 생강즙, 소금, 흰후춧가루를 뿌린다.
❸ 오이는 돌려깎기하여 곱게 채썰어 소금에 살짝 절여 물기를 빼고, 당근은 곱게 채썬다.
❹ 불려서 나온 표고는 기둥을 떼고 포 떠서 곱게 채썬 후 간장, 설탕, 참기름에 양념하여 준비한다.
❺ 달걀은 황백으로 나누어 소금간을 살짝 한 후 풀어준다.
❻ 팬에 기름을 두르고 지단, 오이, 당근, 표고 순으로 볶아 넓은 접시에 펼쳐 식힌다.
❼ 도마 위에 대발을 놓고 젖은 면보를 깐 다음 수분 제거한 생선살을 빈틈없이 잘 펴고 녹말가루를 골고루 뿌린 후 지단채, 오이채, 당근채, 표고채를 색 맞추어 가지런히 놓고 직경 3cm가 되게 김밥 말듯이 말아서 양끝에 녹말물을 약간 바른다.
❽ 김이 오른 찜통에 10분간 센 불에서 쪄낸 후 식혀서 2cm 두께로 잘라 접시에 보기 좋게 담는다.

Point

• 생선살에 녹말가루를 촉촉이 뿌려주고 속에 들어가는 재료는 물기를 없애고 볶은 후 완전히 식혀서 말아야 접착력이 있어 잘 말아지고, 물이 나오지 않고 어선의 모양이 예쁘다.
• 어선 속에 들어가는 재료들의 색깔이 선명하도록 볶는다.
• 어선은 찐 후 완전히 식혀 왼쪽부터 썰어야 살이 부서지지 않으며 생선포는 되도록 크게 포 뜨고, 포 뜬 생선살의 두께가 일정해야 한다.

Memo

두부선

시험시간
35분

- 북어보푸라기, 표고전, 잡채, 애탕과 함께 출제됨(**과년도 : 2001.11.6**)
- 오이소박이, 수란, 어만두, 삼색경단과 함께 출제됨(**과년도 : 2003.10.7, 2007.10.13, 2011.5.8**)
- 완자탕, 북어보푸라기, 오이숙장아찌, 호두조림과 함께 출제됨(**과년도 : 2009.4.25**)

요구사항

주어진 재료를 사용하여 다음과 같이 두부선을 만드시오.

❶ 두부선은 3×3×1cm 크기로 하여 완성하시오.

❷ 초간장을 곁들여 제출하시오.

※ 시험장에 따라 요구사항과 지급재료 목록에 변동이 있을 수 있으니 주의하시오.

지급재료 목록

• 두부 1/2모 • 닭가슴살 60g • 건표고버섯(불린 것) 2개 • 석이버섯 1장 • 달걀 1개 • 실백 3g • 실고추 약간
• 대파(흰부분) 4cm • 마늘 1톨 • 참기름 5㎖ • 깨소금 5g • 검은후춧가루 약간 • 간장 15㎖ • 식초 15㎖
• 설탕 10g • 소금 10g

양념 비율

- **속양념** : 소금 1/2작은술, 다진 파 1작은술, 다진 마늘 1/2작은술, 참기름 1/2작은술, 깨소금 1/2작은술, 후춧가루 약간
- **초간장** : 식초 1작은술, 간장 1작은술, 설탕 1/2작은술

만드는 법

❶ 석이버섯은 따뜻한 물에 불려 뒷면의 이끼와 돌을 제거하고 곱게 채썬다.
❷ 파, 마늘은 곱게 다진다.
❸ 두부는 거즈에 물기를 짜서 으깨고, 닭고기는 곱게 다진다.
❹ 불린 표고버섯은 기둥을 따내고 포를 떠서 곱게 채썬다.
❺ 실백은 고깔을 따서 비늘잣을 만들고, 실고추는 2cm 길이로 자른다.
❻ 달걀은 황백으로 나누어 지단을 부친 후 0.1×0.1×2cm로 가늘게 채썬다. 흰자는 조금 남긴다.
❼ 두부와 닭고기를 합쳐서 양념하여 고루 섞은 다음 여러 번 치대어 반죽한 후 1cm 두께로 네모난 반대기 모양을 만든다.
❽ 찜솥에 젖은 면보를 깔고 ⑦을 넣고 표고채, 석이버섯, 지단, 비늘잣을 올려 찜통에 5~10분 정도 쪄낸 후 실고추를 올려 식힌다.
❾ 쪄진 두부선은 3×3×1cm로 썰어 접시에 보기 좋게 담아내고 초간장을 곁들인다.

Point

- 비늘잣 흰자를 바른 후 고명을 올리면 떨어지지 않고 잘 붙는다.
- 두부선을 찜솥에서 꺼낼 때는 찬물을 약간 끼얹어야 손을 데지 않는다.
- 두부의 물기를 완전히 제거한 후 다진 닭고기와 혼합하여 오랫동안 치대어야 면이 매끄럽다.
- 고명은 최대한 가늘게 채썰어 눌러주어야 쪄냈을 때 밀착되어 보기가 좋다.
- 재료목록에 겨잣가루가 있으면 겨자장도 곁들여 낸다.

Memo

알찜

시험시간
25분

- 오이소박이, 호박전, 멸치조림, 규아상과 함께 출제됨(**과년도 : 2003.10.6**)
- 구절판, 편수, 깻잎전, 오이생채와 함께 출제됨 (**과년도 : 2007.10.13**)

요구사항

주어진 재료를 사용하여 다음과 같이 알찜을 만드시오.

1. 새우젓은 국물만 사용하고 실고추, 실파는 1cm 정도로 썰어 고명으로 사용하시오.
2. 석이버섯은 채썰어(0.2×1cm 정도) 양념한 후 볶아서 고명으로 사용하시오.
3. 알찜은 중탕하거나 찜통에 찌시오.

※ 시험장에 따라 요구사항과 지급재료 목록에 변동이 있을 수 있으니 주의하시오.

지급재료 목록

• 달걀 1개 • 새우젓 10g • 실파 1뿌리 • 석이버섯(부서지지 않은 것(마른 것)) 5g(잎이 넓은 것 1장)
• 실고추 1g(길이 10cm 1~2줄기) • 참기름 5㎖ • 소금(정제염) 5g

양념 비율

• 달걀 1 : 물 2→새우젓국물 1작은술, 소금 약간
• 석이버섯 : 소금, 참기름

만드는 법

❶ 냄비에 물을 끓인다.
❷ 달걀을 계량컵에 깨뜨려 거품나지 않게 잘 섞은 후 분량의 물을 넣어 잘 섞고 나서 체에 거른다.
❸ 달걀물에 짠 새우젓국물을 넣어 간을 맞추고, 새우젓이 부족한 경우 소금을 넣어 간을 맞춘다.
❹ 냄비에 김이 오르면 찜 체반에 찜그릇을 넣고 1분은 센 불에서 익힌 후 약한 불로 줄이고 6~8분 정도 찐다.
❺ 실고추는 1cm 길이로 썰고 실파는 푸른 부분만 1cm 길이로 썬다.
❻ 석이버섯은 따뜻한 물에 불려 손질한 뒤 돌돌 말아 채 썰어 소금, 참기름으로 간해서 볶는다.
❼ 달걀물이 익으면 준비된 실고추, 실파, 석이버섯을 고명으로 올리고 다시 한 번 약한 불에서 은근히 김을 올린 후 낸다.

Point

• 알찜은 적절한 수분의 양과 불 조절을 잘 해서 쪄야 표면에 구멍이 없이 부드럽게 된다.
• 알찜은 약한 불로 찜을 해야 표면이 매끄럽고 부드럽게 나오며, 불이 너무 세면 알찜의 표면이 거칠어지므로 주의한다.
• 찜그릇이 없을 때는 똬리를 튼 젖은 행주를 냄비 안쪽에 깔고 중탕해야만 달걀물이 흔들리지 않고 곱게 쪄진다.
• 찜그릇에 따라 익는 시간이 다르므로 찌는 동안 시간을 잘 확인하며 익혀야 달걀 표면이 부풀어 오르지 않는다. 대부분 시험장은 멜라닌이나 플라스틱 그릇이므로 약 8~10분 정도면 익는다.
• 석이버섯은 따뜻한 물에 불려 이끼나 이물질은 소금으로 비벼 씻어 수분을 제거하고 딱딱한 뿌리도 제거한 후 돌돌 말아서 채썬다.

Memo

북어찜

시험시간 **25분**

✤ 두부조림, 사슬적, 표고전, 호박눈썹나물과 함께 출제됨
(과년도 : 2008.10.7)

요구사항

주어진 재료를 사용하여 다음과 같이 북어찜을 만드시오.

❶ 완성된 북어의 길이는 5cm가 되도록 하시오.
❷ 북어찜은 3토막 이상 제출하시오.
※ 시험장에 따라 요구사항과 지급재료 목록에 변동이 있을 수 있으니 주의하시오.

지급재료 목록

• 북어포(반을 갈라 말린 껍질이 있는 것(40g)) 1마리 • 진간장 30㎖ • 백설탕 10g • 대파(흰부분(4cm 정도)) 1토막 • 마늘(중(깐 것)) 2쪽 • 생강 5g • 검은후춧가루 2g • 깨소금 5g • 참기름 5㎖ • 실고추 1g

양념 비율

• 간장 1큰술, 설탕 1작은술, 다진 파 1작은술, 다진 마늘 1/2작은술, 깨소금 1/2작은술, 참기름 1/2작은술, 검은후춧가루 약간, 다진 생강 약간→윤기낼 때 나머지 설탕과 참기름을 넣는다.

만드는 법

❶ 북어포는 물에 살짝 불렸다가 물기를 뺀 후 지느러미와 머리를 자르고 뼈를 발라낸 뒤, 6cm 길이로 일정하게 3토막을 내고, 오그라들지 않게 껍질 쪽에 잔칼집을 넣어준다.
❷ 파, 마늘, 생강은 곱게 다져서 간장, 설탕, 깨소금, 후추, 참기름과 섞어 양념장을 만든다.
❸ 냄비에 물 1/2컵을 넣고 손질한 북어포와 양념장 2/3를 넣어 끓기 시작하면 거품을 제거하고 중불에서 조린다.
❹ 실고추는 2cm 길이 정도로 짧게 썰어 놓는다.
❺ 북어가 잘 무르면서 국물이 자작하게 있으면, 나머지 양념장을 넣고 국물을 끼얹어가며 윤기나게 익힌 후 실고추를 얹어 잠시 뜸을 들인다.
❻ 그릇에 담고 국물을 끼얹어 윤기나게 담아 낸다.

Point

• 북어는 껍질 쪽에 잔칼집을 넣어주어야 오그라들지 않으며, 약한 불에서 찜을 하고 중간에 국물을 끼얹어 가면서 조려야 오그라들지 않고 색이 곱게 든다. 너무 센 불에서 조리면 뒤틀리므로 주의한다.
• 북어의 크기에 따라 간장 양을 조절해야 찜의 색깔이 곱다.

Memo

두부조림

시험시간
25분

- 탕평채, 오이숙장아찌, 깻잎전, 파강회와 함께 출제됨(**과년도 : 2001.11.5, 2005.9.27**)
- 섭산삼, 호박죽, 오이숙장아찌, 오이생채와 함께 출제됨(**과년도 : 2007.10.14**)
- 북어찜, 사슬적, 표고전, 호박눈썹나물과 함께 출제됨(**과년도 : 2008.10.7**)

요구사항

주어진 재료를 사용하여 다음과 같이 두부조림을 만드시오.

❶ 조려진 두부의 크기는 균일하게 하시오(3×4.5×0.8cm).

❷ 8쪽을 제출하고, 촉촉하게 보이도록 국물을 약간 끼얹어 내시오.

❸ 실고추와 파채를 고명으로 사용하시오.

※ 시험장에 따라 요구사항과 지급재료 목록에 변동이 있을 수 있으니 주의하시오.

지급재료 목록

• 두부 200g • 대파(고명용 푸른 부분(3cm 정도)) 1토막 • 실고추 1g(길이 10cm 1~2줄기) • 검은후춧가루 1g
• 참기름 5㎖ • 소금(정제염) 5g • 마늘(중(깐 것)) 1쪽 • 식용유 30㎖ • 진간장 15㎖ • 깨소금 5g • 백설탕 5g

양념 비율

• 간장 1큰술, 설탕 1작은술, 다진 파 1작은술, 다진 마늘 1/2작은술, 깨소금 1/2작은술, 참기름 1/2작은술, 검은후춧가루 약간→윤기낼 때 나머지 설탕과 참기름을 넣는다.

만드는 법

❶ 두부는 3×4.5×0.8cm 정도로 네모지게 썰어 소금을 뿌린 뒤 마른 면보로 물기를 없앤다.
❷ 마늘과 파는 곱게 다져서 간장, 설탕, 깨소금, 후추, 참기름과 섞어 양념장을 만든다.
❸ 팬에 기름을 두르고 두부를 노릇노릇하게 앞뒤로 지져 낸다.
❹ 냄비에 지져낸 두부를 넣고 양념장 2/3와 물 1/2컵을 넣고 은근한 불에서 천천히 조린다.
❺ 푸른 대파와 실고추는 3cm 정도로 길이로 채썬다.
❻ 냄비에 국물이 자작하게 익으면 남은 양념장과 설탕, 참기름을 넣고 국물을 끼얹어 윤기를 내고, 실고추와 푸른 파채를 얹어 잠시 뜸을 들인다.
❼ 그릇에 두부를 담고 국물을 윤기나게 담아 낸다.

Point

• 두부는 앞뒤로 균일하게 노릇노릇한 색이 나도록 지져야 조렸을 때 색이 곱다.
• 두부는 센 불에서 지져야 물이 생기지 않고 두부의 살이 단단해져 부서지지 않는다.
• 채썬 파와 실고추는 가지런히 올려야 거칠지 않고 얌전하다.

Memo

홍합초

시험시간
25분

✤ 어알탕, 월과채, 제육구이, 오이선과 함께 출제됨
(과년도 : 2008.10.2, 2010.9.17)

요구사항

주어진 재료를 사용하여 다음과 같이 홍합초를 만드시오.

❶ 마늘과 생강은 편으로, 파는 2cm 길이로 잘라 사용하시오.
❷ 홍합은 전량 사용하고, 촉촉하게 보이도록 국물을 끼얹어 제출하시오.
❸ 잣가루를 고명으로 뿌리시오.
※ 시험장에 따라 요구사항과 지급재료 목록에 변동이 있을 수 있으니 주의하시오.

지급재료 목록

• 생홍합 100g(굵고 싱싱한 것, 껍질 벗긴 것으로 지급) • 대파(흰부분(4cm 정도)) 1토막 • 검은후춧가루 2g • 참기름 5㎖ • 마늘(중(깐 것)) 2쪽 • 진간장 40㎖ • 생강 15g • 백설탕 10g • 잣(깐 것) 5개 • A4용지 1장

양념 비율

• 물 1/2컵, 간장 1큰술, 설탕 1/2큰술, 검은후춧가루 약간→윤기낼 때 간장 1/2큰술~1작은술, 설탕 1/2큰술, 참기름을 넣는다.

만드는 법

❶ 냄비에 물을 넣고 끓인다.
❷ 생홍합은 소금물에 흔들어 씻어 가운데 잔털을 제거하고 끓는 물에 데쳐낸다.
❸ 파는 2cm로 토막내고, 마늘과 생강은 0.3cm 정도 두께의 편으로 썰어 놓는다.
❹ 잣은 A4용지에 다져서 잣가루를 만들어 놓는다.
❺ 냄비에 물과 간장, 설탕을 넣고 끓으면 데친 홍합, 생강, 마늘, 후춧가루를 넣어 중불에서 윤기나게 조린다. 어느 정도 졸아들면 파를 넣어 잠시 숨죽인 뒤 마지막에 참기름을 넣어준다.
❻ 그릇에 홍합초를 담고, 윤기나게 조린 국물을 끼얹고 잣가루를 고명으로 얹는다.

Point

• 초는 어패류나 해물 등을 데쳐 싱겁고 달콤하게 조린다는 의미로 간을 약하고 달게 해서 윤기나게 조리는 조리법이다.
• 홍합은 살짝 데쳐야 조리고 나면 부드럽고, 은근한 불에서 조려야 색깔이 곱고 밝다.
• 잣은 젖은 면보로 닦고 나서 잣눈을 제거하고, A4용지를 깔고 칼로 눌러서 기름을 제거한 뒤 칼로 곱게 다져서 잣가루를 만들어 사용한다.

Memo

갈비찜

시험시간
35분

✣ 오이생채, 육회, 더덕구이, 새우전과 함께 출제됨
(과년도 : 2005.9.26)

요구사항

주어진 재료를 사용하여 다음과 같이 갈비찜을 만드시오.

❶ 갈비찜의 길이는 5cm로 하고, 지급된 갈비는 전량을 완성품으로 국물과 함께 제출하시오.

※ 시험장에 따라 요구사항과 지급재료 목록에 변동이 있을 수 있으니 주의하시오.

지급재료 목록

• 소갈비 400g • 대파 1개 • 마늘 1톨 • 무 200g • 당근 100g • 건표고버섯 5장 • 밤 5개 • 대추 3개 • 달걀 1개 • 설탕 40g • 간장 60㎖ • 배 1/8개 • 검은후춧가루 5g • 깨소금 2g • 참기름 5㎖ • 은행 5알 • 잣 5g

양념 비율

• **양념장** : 간장 3큰술, 설탕 1큰술, 배즙 3큰술, 다진 파 2큰술, 다진 마늘 1큰술, 깨소금 1큰술, 참기름 1큰술, 후춧가루 약간
• **은행** : 참기름, 꽃소금

만드는 법

❶ 소갈비는 5cm로 토막을 내어 찬물에 담가 핏물을 뺀 다음 끓는 물에 한 번 데쳐내고, 다시 물 4컵을 넣고 데친 갈비와 30분 정도 익혀서 갈비는 건져내고 국물은 걸러 육수로 사용한다.
❷ 파, 마늘은 다지고, 배즙을 넣고 양념장을 만들어 익힌 갈비를 재운다.
❸ 무와 당근은 사방 3cm의 크기로 썰어 모서리를 다듬어 준비하고, 불린 버섯은 썰어 놓는다.
❹ 냄비에 양념한 갈비와 육수를 넣고 끓이다가 무, 당근, 표고를 넣고 익힌다.
❺ 밤은 껍질을 벗겨 설탕물에 담가두고, 대추는 젖은 면보로 닦은 후 돌려깎아 씨를 빼고 말아준다.
❻ 달걀은 황백지단을 부쳐 마름모꼴로 썰고, 은행은 볶아서 껍질을 벗긴다.
❼ ④의 갈비가 반 정도 익으면 대추와 밤을 넣고 양념도 알맞게 더 넣어서 조린다.
❽ 갈비와 채소에 고르게 맛이 들면 나머지 양념과 설탕을 넣으면서 센 불에서 윤기나게 조린 후 그릇에 담고, 은행, 잣, 지단을 고명으로 얹는다.

Point

• 처음 찜은 중불에서 뚜껑을 덮고 서서히 익혀야 맛이 잘 우러나오고 양념도 잘 밴다.
• 윤기를 낼 때에는 센 불에서 뚜껑을 열고 양념을 끼얹으며 끓인다.
• 은행은 참기름을 두르고 소금으로 간한 다음 중불에서 굴려가며 2분 정도 볶은 다음 키친타월에 비벼서 껍질을 벗긴다.

Memo

꽃게찜

시험시간
45분

♣ 무생채, 오이선, 두부젓국찌개, 사슬적과 함께 출제됨
(과년도 : 2004.9.22, 2007.10.11, 2011.5.9)

요구사항

주어진 재료를 사용하여 다음과 같이 꽃게찜을 만드시오.

❶ 꽃게 모양을 살려서 찜을 하시오.
❷ 오색 고명을 색스럽게 올려 완성품 1개를 제출하시오.
※ 시험장에 따라 요구사항과 지급재료 목록에 변동이 있을 수 있으니 주의하시오.

지급재료 목록

• 꽃게(냉동(수컷)) 1개 • 대파 1개 • 마늘 1톨 • 쇠고기 60g • 두부 30g • 홍고추 1개 • 풋고추 1개 • 석이버섯 5장 • 달걀 2개 • 밀가루 10g • 식용유 5㎖ • 소금 5g • 생강 1톨 • 깨소금 2g • 참기름 5㎖ • 검은후춧가루 2g

양념 비율

• **속양념** : 소금 1/3작은술, 다진 파 1/2큰술, 다진 마늘 1작은술, 깨소금 1작은술, 참기름 1작은술, 후춧가루 약간, 생강즙 약간

만드는 법

❶ 꽃게는 깨끗하게 씻어 삼각진 딱지를 뗀 다음 찜솥에 넣어 10분 정도 익힌 후 식으면 게살만 발라낸다.
❷ 두부는 물기를 제거하여 으깨고, 쇠고기는 핏물을 제거하여 곱게 다진 후 게살과 섞어 양념을 한다.
❸ 게 껍질을 깨끗이 닦고 안쪽에 밀가루를 발라 ②를 담고 평평하게 모양을 낸 다음 다시 밀가루를 바른 후 달걀물을 입혀 프라이팬에 한 번 지져서 찜솥에 넣고 10~15분 정도 찐다.
❹ 고추는 반 갈라서 씨를 뺀 다음 곱게 채썰고, 석이버섯은 불린 후 채썰어 참기름과 소금으로 양념하여 살짝 볶는다.
❺ 달걀은 황백으로 나누어 지단을 부쳐서 가늘게 채썰어 놓는다.
❻ 쪄낸 꽃게 위에 채썬 고추와 석이버섯, 지단을 얹고 1분 정도만 살짝 쪄낸다.
❼ 꽃게찜을 게다리와 함께 담아 낸다.

Point

• 꽃게를 찌지 않고, 게살을 발라내어 사용하면 수분이 많이 생겨서 좋지 않다.
• 고추는 채썰어 살짝 볶아서 사용해도 좋다.
• 초간장을 곁들이기도 한다.

Memo

대합찜

시험시간
40분

✤ 밀쌈, 호박죽, 나박김치, 도라지생채와 함께 출제됨
(과년도 : 2001.11.5)

요구사항

주어진 재료를 사용하여 다음과 같이 대합찜을 만드시오.

❶ 대합찜은 속을 잘 익히고 5가지 고명을 올려 완성품을 2개 제출하시오.

※ 시험장에 따라 요구사항과 지급재료 목록에 변동이 있을 수 있으니 주의하시오.

지급재료 목록

• 대합 2개 • 대파 1개 • 마늘 1톨 • 쇠고기 60g • 두부 30g • 홍고추 1개 • 풋고추 1개 • 석이버섯 5장 • 달걀 2개 • 밀가루 10g • 식용유 5㎖ • 소금 5g • 생강 1톨 • 깨소금 2g • 참기름 5㎖ • 검은후춧가루 2g

양념 비율

• 속양념 : 소금 2/3작은술, 다진 파 1큰술, 다진 마늘 1/2큰술, 생강즙 1/2작은술, 깨소금 1작은술, 참기름 1작은술, 검은후춧가루 약간

만드는 법

❶ 대합은 소금으로 문질러 씻는다.
❷ 냄비에 물 1컵을 넣고 끓으면 대합을 넣는다. 대합의 입이 벌어지면 건져서 살을 떼어낸 후 잘게 썰고 대합 껍질은 깨끗이 씻어 놓는다.
❸ 두부는 으깨고, 쇠고기는 곱게 다져 대합살과 섞어 양념한다.
❹ 대합 껍질 안쪽에 식용유를 바르고 밀가루를 발라 양념한 대합살을 담고 밀가루를 바른 후 달걀물을 입혀 찜솥에 15분간 찐다.
❺ 고추는 반으로 갈라 씨를 뺀 다음 곱게 다져서 살짝 볶아 소금과 참기름으로 간을 한다.
❻ 달걀은 황백으로 나누어 지단을 부쳐서 가늘게 채썬다.
❼ 석이버섯은 따뜻한 물에 불려 깨끗이 손질한 후 곱게 다져 소금, 참기름으로 양념하여 볶는다.
❽ 찐 대합 위에 풋고추, 홍고추, 석이버섯, 지단을 고명으로 얹는다.

Point

• 대합은 찜솥에 넣어 익혀도 된다.
• 오색고명은 요구사항에 따라 다지거나 채썬다.
• 개수도 요구사항에 따라 낸다.
• 초간장을 곁들여 내기도 한다.

Memo

죽순찜

시험시간
35분

✣ 어선, 화양적, 더덕생채, 호박눈썹나물과 함께 출제됨
(과년도 : 2004.9.21, 2010.9.16)

요구사항

주어진 재료를 사용하여 다음과 같이 죽순찜을 만드시오.

❶ 등쪽으로 어슷하게 3~4cm 간격의 칼집을 내어 고명을 올려 완성품 2개를 제출하시오.

※ 시험장에 따라 요구사항과 지급재료 목록에 변동이 있을 수 있으니 주의하시오.

지급재료 목록

• 죽순(통조림용) 1개 • 쇠고기 30g • 대파(흰부분(4cm 정도)) 1토막 • 마늘(중(깐 것)) 1쪽 • 건표고버섯(불린 것) 1개
• 실고추 5g • 깨소금 5g • 참기름 10㎖ • 소금(정제염) 10g • 식용유 10㎖ • 석이버섯 2g • 달걀 1개
• 간장 15㎖ • 설탕 5g

양념 비율

• 고기(간장)양념 : 간장 1ts, 설탕 1/2ts, 다진 파 · 다진 마늘 · 깨소금 · 참기름 · 후춧가루 약간

만드는 법

❶ 죽순은 끓는 물에 데쳐서 아린 맛을 제거한 후 등쪽에 어슷하게 3~4cm 간격으로 칼집을 낸다.
❷ 쇠고기 및 불린 표고버섯과 불린 석이버섯은 채썬다.
❸ ②의 고기양념을 한다.
❹ 데친 죽순에 양념한 재료를 칼집 속에 넣고, 냄비에 물을 부어 죽순을 넣고 익힌다.
❺ 죽순찜을 담고 달걀지단과 실고추를 고명으로 얹어 국물을 자작하게 담아 낸다.

Point

• 캔 죽순이 나올 경우 끓는 물에 1분 정도만 데쳐서 사용한다.
• 호박선과 하는 방법은 같다.
• 고명은 황백지단과 실고추이다.

Memo

쇠고기 장조림

시험시간
30분

♣ 오이소박이, 느타리버섯나물, 더덕생채, 북어양념구이와 함께 출제됨
(과년도 : 2000.10.13, 2005.9.26)

요구사항

주어진 재료를 사용하여 다음과 같이 쇠고기장조림을 만드시오.

❶ 쇠고기를 삶아서 5cm 크기로 찢어 다른 지급재료와 같이 윤기나게 조려 제출하시오.

※ 시험장에 따라 요구사항과 지급재료 목록에 변동이 있을 수 있으니 주의하시오.

지급재료 목록

- 쇠고기 200g • 진간장 50㎖ • 대파(흰부분(4cm 정도)) 1토막 • 마늘(중(깐 것)) 10쪽 • 건고추 1개
- 백설탕 50g • 생강 1톨 • 참기름 15㎖ • 꽈리고추 10g • 메추리알 6개

양념 비율

- **조림장** : 육수 3컵, 설탕 3큰술→간장 3큰술, 참기름 약간

만드는 법

1. 쇠고기는 찬물에 담가 핏물을 뺀 다음 끓는 물에 향미 채소를 같이 넣고 꼬챙이로 찔렀을 때 핏물이 나오지 않을 정도로 무르게 삶아서 결대로 찢어 놓는다.
2. 육수는 식혀서 면보에 밭쳐 기름을 제거한다.
3. 메추리알은 삶아서 껍질을 벗긴다.
4. 꽈리고추에 꼬치로 구멍을 낸다.
5. 간장을 뺀 조림장을 먼저 끓인 후 찢은 고기를 넣고 조린다. 간장과 삶은 메추리알, 마늘을 넣고 조린 후 꽈리고추를 넣고 조림장을 끼얹어가며 조리다 불에서 내린다.

Point

- 장조림을 만들 때는 고기를 덩어리째 부드럽게 삶은 다음 간장을 넣고 조린다.
- 처음부터 간장을 넣고 조리면 고기가 익기도 전에 염분이 침투되어 딱딱해지므로, 설탕을 먼저 넣어 반 정도 조리고 나서 간장을 넣어 조린다.
- 마늘과 풋고추가 나오는 경우도 있다.

Memo

호두간장조림

시험시간 **25분**

- 더덕생채, 생선양념구이, 탕평채, 호박전과 함께 출제됨(**과년도 : 2000.10.15**)
- 완자탕, 북어보푸라기, 오이숙장아찌, 두부선과 함께 출제됨(**과년도 : 2009.4.25**)

요구사항

주어진 재료를 사용하여 다음과 같이 호두간장조림을 만드시오.

❶ 호두가 부스러지지 않도록 윤기나게 조려 주어진 재료 전량을 제출하시오.

※ 시험장에 따라 요구사항과 지급재료 목록에 변동이 있을 수 있으니 주의하시오.

지급재료 목록

• 호두(속껍질 있는 것) 200g • 잣 10알 • 물엿 20g • 간장 50㎖ • 설탕 20g

양념 비율

• 조림장 : 물 1/2컵, 간장 3큰술, 설탕 1큰술→물엿 2큰술→참기름 약간

만드는 법

❶ 호두는 따뜻한 물에 8분 정도 불려 부서지지 않도록 꼬치로 속껍질을 벗긴다.
❷ 속껍질을 벗긴 호두에 조림장을 넣어 중간불에서 조린다.
❸ 조린 호두에 잣을 넣고 물엿을 넣어 다시 한 번 더 조린 후 참기름으로 마무리한다.

Point

• 호두를 오랜 시간 불려서 사용하면 잘 부서진다.
• 잣은 고깔을 제거한 후 사용한다.

Memo

연근조림

시험시간
25분

♣ 미나리강회, 무생채, 오징어볶음, 옥수수전과 함께 출제됨
(과년도 : 2004.9.21, 2006.10.10)

요구사항

주어진 재료를 사용하여 다음과 같이 연근조림을 만드시오.

❶ 연근조림의 연근은 0.3cm 두께로 썰어 삶아서 윤기나게 조림하여 제출하시오.

※ 시험장에 따라 요구사항과 지급재료 목록에 변동이 있을 수 있으니 주의하시오.

지급재료 목록

• 연근(껍질 있는 것) 300g • 양파 30g • 마늘 3톨 • 통후추 5알 • 건고추 2개 • 생강 1톨 • 대파 20g • 간장 50㎖
• 설탕 30g • 식초 15㎖ • 참기름 5㎖ • 깨소금 5g

양념 비율

• 조림양념 : 물 1컵, 간장 4큰술, 설탕 3큰술→참기름, 깨소금

만드는 법

❶ 연근은 껍질을 벗기고 0.3cm 두께로 썰어 식초물에 10분 정도 담가둔다.
❷ ①의 연근을 건져내어 찬물에서 삶는다.
❸ 조림장에 ②의 연근과 대파, 마늘, 생강, 통후추, 건고추를 넣고 조린다.
❹ ③이 어느 정도 졸아 국물이 약간 남아 있을 때 나머지 재료를 건진 후 참기름, 깨소금으로 마무리하여 그릇에 담아 낸다.

Point

• 연근은 공기 중에 방치하면 갈변되므로 식초물에 담가 보관해야 변색을 막을 수 있다.
• 연근을 식초물에 삶는 이유는 연근에 포함된 산화효소가 물에 녹아 갈변작용이 중지되기 때문이다.
• 무, 연근 등 뿌리채소류는 찬물에서 삶아야 부드럽다.
• 지급재료 목록에 제시된 재료만 넣어서 조림을 한다.

Memo

감자 조림

시험시간 **25분**

✤ 무나물, 풋고추전, 너비아니구이, 북어보푸라기와 함께 출제됨
(과년도 : 2000.10.14)

요구사항

주어진 재료를 사용하여 다음과 같이 감자조림을 만드시오.

❶ 감자는 밤 크기로 썰어 모서리를 둥글게 다듬어 윤기나게 조려 제출하시오.

※ 시험장에 따라 요구사항과 지급재료 목록에 변동이 있을 수 있으니 주의하시오.

지급재료 목록

- 감자 250g • 대파 1개 • 마늘 1톨 • 쇠고기 50g • 풋고추 1개 • 참기름 5㎖ • 식용유 15㎖ • 실고추 5g
- 검은후춧가루 2g

양념 비율

- **고기(간장)양념** : 간장 1ts, 설탕 1/2ts, 다진 파 · 다진 마늘 · 참기름 · 깨소금 · 후춧가루 약간
- **조림장** : 간장 3큰술, 설탕 $1\frac{1}{2}$큰술, 깨소금 · 참기름 · 후춧가루 약간

만드는 법

❶ 감자는 껍질을 벗기고 밤 크기로 썰어 모서리를 둥글게 다듬어 물에 데친다.
❷ 쇠고기는 납작납작하게 썰어 양념을 한다.
❸ 풋고추는 어슷하게 썰어서 씨는 제거한다.
❹ 냄비에 참기름을 두르고 양념한 쇠고기를 볶다가 감자, 조림장, 물을 넣어 조린다.
❺ 중간에 한 번씩 위아래를 고루 섞어 감자가 무르게 익으면 풋고추를 넣고 센 불에서 윤기를 낸 후 불을 끄고 실고추를 올린다.

Point

- 감자는 껍질을 벗기면 갈변하므로 찬물에 담근다.
- 감자를 먼저 간장에 절였다가 조리면 감자가 익으면서 부서지는 것을 막을 수 있다.

Memo

삼치조림

시험시간 30분

♣ 무생채, 나박김치, 너비아니, 밀쌈과 함께 출제됨
(과년도 : 2003.10.6)

요구사항

주어진 재료를 사용하여 다음과 같이 삼치조림을 만드시오.

❶ 삼치는 4cm 크기로, 무는 0.5cm 두께의 직사각형으로 썰어 조린 삼치는 2토막을 제출하시오.

※ 시험장에 따라 요구사항과 지급재료 목록에 변동이 있을 수 있으니 주의하시오.

지급재료 목록

• 삼치 1마리 • 대파 1개 • 마늘 1톨 • 고춧가루 20g • 간장 45㎖ • 설탕 15g • 무 100g • 홍고추 1개 • 풋고추 1개 • 양파 60g • 청주 30㎖ • 생강 1톨 • 검은후춧가루 2g

양념 비율

• 조림양념 : 간장 4큰술, 설탕 1큰술, 고춧가루 2큰술, 청주 2큰술, 다진 파 2큰술, 다진 마늘 2큰술, 다진 생강 1/2 작은술, 후춧가루 약간

만드는 법

❶ 삼치는 4cm 크기로 비스듬하게 저며 썬다.
❷ 양파는 굵직하게 썰고, 대파와 고추는 어슷하게 썬다.
❸ 무는 0.5cm 두께로 사각썰기하여 끓는 물에 살짝 데친다.
❹ 양념장을 만든다.
❺ 냄비에 무를 깔고 삼치와 양파를 넣어 양념장 1/2을 넣고 물을 부어 끓인다. 국물이 어느 정도 졸아들면 나머지 양념장을 넣고 조린 다음 대파와 고추를 넣어 좀 더 조린다.

Point

• 생선살의 살이 응고된 후, 생강을 넣어야 비린내가 덜 난다.
• 조림 시 생선 위에 양념을 끼얹어야 골고루 간이 배어 맛이 있다.
• 생선조림을 할 때에는 뚜껑을 열고 조려야 비린내가 없어진다.
• 고추는 어슷하게 썰어 씨를 뺀 후 사용한다.

Memo

Korean

Traditional Food

한식조리산업기사 실기

Part 5 볶음 · 구이

오징어 볶음

시험시간 30분

✤ 미나리강회, 무생채, 연근조림, 옥수수전과 함께 출제됨
(과년도 : 2004.9.21, 2006.10.10, 2009.4.25)

요구사항

주어진 재료를 사용하여 다음과 같이 오징어볶음을 만드시오.

❶ 오징어는 0.3cm 폭으로 어슷하게 칼집을 넣고, 크기는 4×1.5cm 정도로 써시오. (단, 오징어 다리는 4cm 길이로 자른다.)

❷ 고추, 파는 어슷썰기, 양파는 폭 1cm 정도로 굵게 채썬다.

※ 시험장에 따라 요구사항과 지급재료 목록에 변동이 있을 수 있으니 주의하시오.

지급재료 목록

- 물오징어(250g 정도) 1마리 • 소금(정제염) 5g • 진간장 10㎖ • 백설탕 20g • 참기름 10㎖ • 깨소금 5g
- 풋고추(길이 5cm 이상) 1개 • 홍고추(생) 1개 • 양파 50g • 마늘(중(깐 것)) 2쪽 • 대파(흰부분(4cm 정도)) 1토막
- 생강 5g • 고춧가루 15g • 고추장 40g • 검은후춧가루 2g • 식용유 30㎖

양념 비율

- 고추장양념 : 고춧가루 1큰술, 간장 2작은술, 생강즙 1/2작은술, 고추장 2큰술, 설탕 1큰술, 다진 마늘 1작은술, 깨소금 1작은술, 참기름 1/2작은술, 검은후춧가루 약간

만드는 법

❶ 파 · 마늘은 곱게 다지고, 생강은 즙을 내어 고추장양념을 만들어 놓는다.
❷ 양파는 1cm 폭으로 썬다.
❸ 홍고추, 풋고추, 대파는 어슷썰기를 한다.
❹ 오징어는 먹물이 터지지 않도록 내장을 제거하고 몸통과 다리의 껍질을 깨끗이 벗긴 후 안쪽에 어슷하게 0.3cm씩 가로, 세로로 겹치게 칼집을 넣은 후 4×1.5cm로 자른다.
❺ 팬에 기름을 두르고 다진 마늘과 양파를 볶다가 오징어를 넣어 칼집의 모양이 선명하게 볶아지면 풋고추, 홍고추, 대파, 고추장양념을 넣어 간이 배게 볶는다.
❻ 마지막에 참기름을 넣어 윤기를 내고 그릇에 담는다.

Point

- 오징어는 칼집을 넣을 때 간격이 똑같고 칼집의 깊이도 일정해야 볶았을 때 모양이 예쁘다.
- 오징어볶음은 고온에서 짧은 시간 내에 볶아야 물이 생기지 않는다.
- 식용유를 너무 많이 넣고 볶으면 나중에 양념장과 기름이 분리된다.
- 생강은 다져서 넣어도 괜찮다.
- 대파는 어슷썰기로 들어가므로 양념장에는 안 넣어도 된다.

Memo

북어구이

시험시간 20분

♣ 오이소박이, 느타리버섯나물, 더덕생채, 쇠고기 장조림과 함께 출제됨
(과년도 : 2000.10.13, 2005.9.26)

요구사항

주어진 재료를 사용하여 다음과 같이 북어구이를 만드시오.

1. 구워진 북어의 길이는 5cm로 하시오.
2. 유장으로 초벌구이를 하시오.
3. 북어구이는 석쇠를 사용하여 굽고, 3개를 제출하시오. (북어의 양면을 반으로 자르지 않고, 원형 그대로 제출한다.)

※ 시험장에 따라 요구사항과 지급재료 목록에 변동이 있을 수 있으니 주의하시오.

지급재료 목록

- 북어포(반을 갈라 말린 껍질이 있는 것(40g)) 1마리 • 진간장 20㎖ • 대파(흰부분(4cm 정도)) 1토막
- 마늘(중(깐 것)) 2쪽 • 고추장 40g • 백설탕 10g • 깨소금 5g • 참기름 15㎖ • 검은후춧가루 2g • 식용유 10㎖

양념 비율

- **유장양념** : 참기름 3, 간장 1
- **고추장양념** : 고추장 2큰술, 간장 1작은술, 설탕 1큰술, 다진 파 1작은술, 다진 마늘 1/2작은술, 깨소금 1/2작은술, 참기름 1작은술, 검은후춧가루 약간

만드는 법

1. 북어포는 물에 잠시 불려 물기를 꼭 짠 후 잔뼈나 지느러미를 제거하고 6cm 길이로 자른 후 껍질 쪽과 가장자리에 칼집을 넣는다.
2. 파, 마늘을 곱게 다져서 고추장양념을 만든다.
3. 유장양념을 만들어 손질된 북어포에 유장을 살짝 발라 초벌구이한다.
4. 초벌구이한 북어포에 고추장을 발라서 재운다.
5. 양념에 재운 북어포를 타지 않게 잘 굽는다.
6. 그릇에 3개를 담아 낸다.

Point

- 북어포는 물에 오래 불리면 살이 부서지므로 물만 잠시 적셔서 사용한다.
- 북어 껍질에 가로, 세로 잔칼집을 넣어 오그라들지 않게 한다.
- 북어를 석쇠에서 구울 때 양쪽의 석쇠손잡이를 꼭 붙잡고 구우면 형태가 반듯하게 되어 보기 좋게 된다.

Memo

너비아니

시험시간 **25분**

✤ 무나물, 감자조림, 풋고추전, 북어보푸라기와 함께 출제됨**(과년도 : 2000.10.14)**
✤ 무생채, 나박김치, 밀쌈, 삼치조림과 함께 출제됨**(과년도 : 2003.10.6)**
✤ 콩나물밥, 잡채, 두부선, 장김치와 함께 출제됨 **(과년도 : 2003.10.7, 2006.10.12, 2011.5.8)**

요구사항

주어진 재료를 사용하여 다음과 같이 너비아니구이를 만드시오.

❶ 완성된 너비아니 크기는 4×5cm, 두께는 0.5cm로 하시오.
❷ 석쇠를 사용하여 굽고, 6쪽 제출하시오.
❸ 잣가루를 고명으로 뿌리시오.
※ 시험장에 따라 요구사항과 지급재료 목록에 변동이 있을 수 있으니 주의하시오.

지급재료 목록

- 쇠고기(안심 또는 등심) 100g(덩어리로) • 진간장 50㎖ • 대파(흰부분(4cm 정도)) 1토막 • 마늘(중(깐 것)) 2쪽
- 검은후춧가루 2g • 백설탕 10g • 깨소금 5g • 참기름 10㎖ • 배 1/8개(50g 정도 지급) • 식용유 10㎖
- 잣(깐 것) 5개 • A4용지 1장

양념 비율

- 너비아니양념 : 간장 2큰술, 설탕 1큰술, 다진 파 1작은술, 다진 마늘 1/2작은술, 깨소금 1/2작은술, 참기름 2작은술, 검은후춧가루 약간

만드는 법

❶ 쇠고기는 먼저 핏물을 키친타월로 제거한 후 겉에 있는 기름기나 힘줄을 제거하고 두께 0.3cm로 버터플라이 하여 앞뒤를 칼등으로 자근자근 두들기고, 잔칼집을 넣어 오그라들지 않게 한 후 6×5cm로 6쪽을 썰어 놓는다.
❷ 배는 갈아서 즙을 낸 다음 쇠고기에 재워 연하게 한다.
❸ 파, 마늘은 곱게 다져 고기양념을 만들어 놓는다.
❹ ②의 쇠고기에 ③번 양념을 넣어 재워둔다.
❺ 잣은 A4용지에 다져서 잣가루를 만들어 놓는다.
❻ 석쇠를 달구어 기름을 발라 코팅한 후 양념에 재운 쇠고기를 타지 않게 굽는다.
❼ 그릇에 담고 잣가루를 뿌려 낸다.

Point

- 쇠고기는 결 반대로 잘라야 연하며, 앞뒤로 자근자근 두드려야 고기가 연하고 구웠을 때 오그라드는 것을 방지할 수 있다.
- 양념장에 들어가는 파와 마늘은 곱게 다져 넣어야 구울 때 타지 않는다.
- 고기를 구울 때 처음에는 센 불에서 표면을 응고시킨 후 불을 줄이고, 양념장을 고루 발라가면서 구우면 윤기나게 구울 수 있다.
- 석쇠의 양쪽 손잡이를 꼭 붙잡고 구우면 고기가 반듯하게 되어 보기 좋게 구워진다.
- 잣은 젖은 면보로 닦은 후 잣눈을 제거하고, A4용지를 깔고 칼로 눌러서 기름을 제거한 뒤 칼로 곱게 다져서 잣가루를 만들어 사용한다.

Memo

제육구이

시험시간 30분

✤ 장국죽, 잡채, 장김치, 양동구리와 함께 출제됨
(과년도 : 2007.10.12, 2011.5.9)

✤ 어알탕, 월과채, 홍합초, 오이선과 함께 출제됨
(과년도 : 2008.10.2, 2010.9.17)

요구사항

주어진 재료를 사용하여 다음과 같이 제육구이를 만드시오.

❶ 완성된 제육의 두께는 0.4cm, 너비는 4×5cm 정도로 하시오.

❷ 양념은 고추장양념으로 하여 석쇠에 구우시오.

❸ 제육구이는 8쪽 제출하시오.

※ 시험장에 따라 요구사항과 지급재료 목록에 변동이 있을 수 있으니 주의하시오.

지급재료 목록

- 돼지고기(등심 또는 볼깃살) 150g • 고추장 40g • 진간장 10㎖ • 대파(흰부분(4cm 정도)) 1토막 • 마늘(중(깐 것)) 2쪽
- 검은후춧가루 2g • 백설탕 15g • 깨소금 5g • 참기름 5㎖ • 생강 10g • 식용유 10㎖

양념 비율

- **고추장양념** : 고추장 2큰술, 간장 1작은술, 설탕 1큰술, 다진 파 1작은술, 다진 마늘 1/2작은술, 깨소금 1/2작은술, 참기름 1작은술, 검은후춧가루 약간, 생강즙 1작은술

만드는 법

1. 파 · 마늘은 곱게 다지고, 생강은 즙을 만들어 고추장양념을 만든다.
2. 돼지고기는 겉에 있는 기름기나 힘줄을 제거하고 두께 0.3cm로 버터플라이를 하여 칼등으로 두들기고 잔칼집을 내어 오그라들지 않게 한 다음 6×5cm로 하여 8쪽을 썰어 놓는다.
3. 손질한 돼지고기에 고추장양념을 발라서 간이 배도록 한다.
4. 석쇠를 달구어 기름을 발라서 코팅한 후 양념한 돼지고기를 올려놓고 타지 않게 구우며 어느 정도 익으면 고추장양념을 덧발라가며 굽는다.
5. 그릇에 담아 낸다.

Point

- 고추장양념에 간장을 많이 사용하면 양념이 짙어져서 색이 곱지 않고, 양념장이 묽어져 양념이 흘러내리게 되므로 조금만 넣어서 감칠맛과 간을 맞춘다.
- 다진 생강을 넣을 때는 곱게 다져야 하고, 생강즙은 타지 않으면서 양념장의 농도조절을 용이하게 해준다.
- 고추장양념을 바른 제육이 익었는가를 판단하기 어려우므로 센 불에서 급하게 구우면 표면만 타고 속은 익지 않는다.
- 석쇠에서 구울 때 양쪽의 석쇠손잡이를 꼭 붙잡고 구우면 반듯하게 되어 보기 좋게 구워진다.
- 돼지고기 자체에 지방이 많으므로 참기름을 조금만 사용한다.

Memo

더덕구이

시험시간 **30분**

⚜ 오이생채, 육회, 새우전, 갈비찜과 함께 출제됨 (과년도 : 2005.9.26)

요구사항

주어진 재료를 사용하여 다음과 같이 더덕구이를 만드시오.

❶ 더덕은 껍질을 벗겨 통으로 두드려 사용하시오.
❷ 유장으로 초벌구이를 하시오.
❸ 길이는 5cm 정도로 하고, 고추장양념을 하시오. (단, 주어진 더덕의 길이를 감안한다.)
❹ 석쇠를 사용하여 굽고, 8개를 제출하시오.
※ 시험장에 따라 요구사항과 지급재료 목록에 변동이 있을 수 있으니 주의하시오.

지급재료 목록

• 통더덕(껍질 있는 것, 길이 10~15cm 정도) 5개 • 진간장 10㎖ • 대파(흰부분(4cm 정도)) 1토막 • 마늘(중(깐 것)) 1쪽 • 고추장 30g • 백설탕 5g • 깨소금 5g • 참기름 10㎖ • 소금(정제염) 10g • 식용유 10㎖

양념 비율

• **유장양념** : 참기름 3, 간장 1
• **고추장양념** : 고추장 1.5큰술, 간장 1작은술, 설탕 1작은술, 다진 파 1작은술, 다진 마늘 1/2작은술, 깨소금 1/2작은술, 참기름 약간

만드는 법

❶ 더덕은 깨끗이 씻고 물기를 닦아 5cm 길이로 썰어 껍질을 돌려가며 벗긴 다음 소금물에 담가 쓴맛을 우려낸다.
❷ 파, 마늘은 곱게 다진다.
❸ 유장을 만들고 고추장양념도 만든다.
❹ 쓴맛을 뺀 더덕은 물기를 닦고 통으로 방망이로 밀고 자근자근 두들겨 편편하게 편다.
❺ 편 더덕은 유장을 발라서 미리 손질된 석쇠에 초벌구이를 한다.
❻ 초벌구이한 더덕에 고추장양념을 골고루 발라 석쇠를 상하좌우로 움직이며 타지 않게 굽는다.
❼ 그릇에 8개를 담는다.

Point

• 더덕은 소금물에 담가 충분히 절인 후 방망이로 자근자근 두들기거나 밀어야 부서지지 않는다.
• 더덕에 유장을 너무 많이 바르면 구운 후 질척해지고, 고추장양념이 잘 흡수되지 않으므로 살짝 발라 초벌구이를 해야 한다.
• 고추장양념이 타지 않도록 불 조절에 주의하고 특히 가장자리가 타지 않도록 유의한다.

Memo

생선양념구이

시험시간 **30분**

요구사항

주어진 재료를 사용하여 다음과 같이 생선양념구이를 만드시오.

❶ 생선의 머리와 꼬리는 제거하지 않으며, 내장은 아가미 쪽으로 제거하시오.
❷ 유장으로 초벌구이를 하시오.
❸ 고추장양념하여 석쇠를 사용하여 구우시오.
※ 시험장에 따라 요구사항과 지급재료 목록에 변동이 있을 수 있으니 주의하시오.

지급재료 목록

• 병어(또는 조기)(100g 정도) 1마리 • 진간장 20㎖ • 대파(흰부분(4cm 정도)) 1토막 • 마늘(중(깐 것)) 1쪽
• 고추장 40g • 백설탕 5g • 깨소금 5g • 참기름 5㎖ • 소금(정제염) 20g • 검은후춧가루 2g • 식용유 10㎖

양념 비율

• 유장양념 : 참기름 3, 간장 1
• 고추장양념 : 고추장 2큰술, 간장 1작은술, 설탕 1작은술, 다진 파 1작은술, 다진 마늘 1/2작은술, 깨소금 1/2작은술, 참기름 약간, 검은후춧가루 약간

만드는 법

❶ 생선은 칼등을 이용하여 비늘을 꼬리에서 머리 쪽으로 긁고, 반대쪽 아가미로 내장을 꺼낸 다음 지느러미를 정리하고 깨끗이 씻어 앞쪽 등쪽에 3번 칼집을 넣어 소금을 약간 뿌려둔다.
❷ 파, 마늘을 곱게 다져서 고추장양념을 만든다.
❸ 유장양념도 만든다.
❹ 소금에 절인 생선은 다시 깨끗이 씻고 물기를 닦은 후 유장을 발라 초벌구이를 한다.
❺ 초벌구이한 생선은 고추장양념을 골고루 발라서 타지 않게 다시 구워준다.
❻ 그릇에 생선을 담을 때 방향을 고려해서 담는다.

Point

• 생선양념구이는 담을 때 생선의 머리가 왼쪽, 꼬리가 오른쪽, 배가 아래쪽으로 오도록 한다.
• 생선은 머리를 그대로 두고 아가미에 꼬챙이나 쇠젓가락을 넣어 생선살이 부서지지 않도록 주의하면서 내장을 빼낸다.
• 병어는 살이 두꺼우므로 조기보다 굽는 시간이 더 오래 걸린다.

Memo

오징어 구이

시험시간
25분

✤ 미나리강회, 화전, 수란, 사슬적과 함께 출제됨
(과년도 : 2001.11.6)

요구사항

주어진 재료를 사용하여 다음과 같이 오징어구이를 만드시오.

❶ 오징어 0.3cm 폭으로 가로, 세로 칼집을 넣어 길이 4cm, 폭 2cm 크기로 썰어서 석쇠에 구워 제출하시오.

※ 시험장에 따라 요구사항과 지급재료 목록에 변동이 있을 수 있으니 주의하시오.

지급재료 목록

• 물오징어(250g 정도) 1마리 • 소금(정제염) 5g • 진간장 10㎖ • 백설탕 20g • 참기름 10㎖ • 깨소금 5g
• 마늘(중(깐 것)) 2쪽 • 대파(흰부분(4cm 정도)) 1토막 • 생강 5g • 고추장 40g • 검은후춧가루 2g • 식용유 30㎖

양념 비율

• **양념장** : 고추장 3큰술, 간장 1큰술, 설탕 1½큰술, 다진 파 1큰술, 다진 마늘 1/2큰술, 깨소금 1/2큰술, 참기름 1/2큰술, 후춧가루 약간, 다진 생강 약간

만드는 법

❶ 오징어는 반으로 갈라서 내장을 제거하고 몸통은 껍질을 벗겨 0.3cm 간격으로 가로, 세로 칼집을 넣어 4×2cm로 준비하고, 오징어 다리는 먹물이 터지지 않도록 제거하여 4cm 길이로 썬다.
❷ 대파, 마늘, 생강은 곱게 다져서 고추장양념을 만들어 놓는다.
❸ 손질한 오징어는 양념장에 재워서 20분 정도 두어 간이 배도록 한다.
❹ 석쇠에 기름을 둘러 코팅한 다음 양념한 오징어를 얹어서 고루 굽는다.

Point

• 오징어는 먹물이 터지지 않도록 잘 손질한다.
• 타지 않도록 중불에서 굽는다.
• 생강은 즙을 내어 사용해도 좋고, 다져서 사용할 경우 곱게 다져 양념장에 넣어야 타지 않는다.

Memo

뱅어포구이

시험시간
25분

✤ 풋고추전, 칠절판, 더덕생채, 연근조림과 함께 출제됨
(과년도 : 2008.10.6, 2010.9.17)

요구사항

주어진 재료를 사용하여 다음과 같이 뱅어포구이를 만드시오.

❶ 뱅어포는 양념을 골고루 묻혀 색깔에 유의하여 구워 4×2cm 크기로 썰어서 제출하시오.

※ 시험장에 따라 요구사항과 지급재료 목록에 변동이 있을 수 있으니 주의하시오.

지급재료 목록

• 뱅어포 10g • 대파 1개 • 마늘 1톨 • 고추장 50g • 설탕 15g • 물엿 10g • 참기름 5㎖ • 깨소금 5g • 간장 15㎖

양념 비율

• 고추장양념 : 고추장 3큰술, 간장 1큰술, 설탕 1$\frac{1}{2}$큰술, 다진 파 1큰술, 다진 마늘 1/2큰술, 깨소금 1/2큰술, 참기름 1/2큰술, 후춧가루 약간

만드는 법

❶ 뱅어포는 짚이나 티를 골라낸다.
❷ 파, 마늘을 곱게 다져서 양념장을 만든다.
❸ 뱅어포를 넓은 접시에 한 장씩 펴서 고추장양념을 고루 발라 여러 장을 겹쳐서 잠시 둔다.
❹ 석쇠나 프라이팬에 기름을 두르고 양념한 뱅어포를 앞뒤로 고루 구워서 4×2cm 크기로 썰어 접시에 담는다.

Point

• 뱅어포는 얇고 고추장양념이어서 타기 쉬우니 구울 때 불을 줄여서 서서히 굽는다.
• 고추장양념을 발라 꾸덕꾸덕할 정도로 말리면 굽기가 쉽다.
• 프라이팬에 익힐 경우 기름을 넉넉히 둘러야 타지 않고 윤기가 생긴다.

Memo

Korean
Traditional Food

한식조리산업기사 실기

Part 6 적 · 전

화양적

시험시간
35분

♣ 어선, 더덕생채, 호박눈썹나물, 죽순찜과 함께 출제됨
(과년도 : 2004.9.21, 2006.10.11, 2010.9.16)

요구사항

주어진 재료를 사용하여 다음과 같이 화양적을 만드시오.

❶ 완성된 화양적의 길이는 6cm가 되도록 하고, 꼬치의 양끝이 1cm 남도록 하시오.
❷ 달걀노른자로 황색지단을 만들어 폭 1cm, 두께는 0.6cm가 되도록 하시오.
❸ 각 재료의 폭은 1cm, 두께는 0.6cm가 되도록 하시오. (단, 표고버섯은 지급된 재료 두께로 한다.)
❹ 화양적 완성품 2꼬치를 만들고 잣가루를 고명으로 뿌리시오.
※ 시험장에 따라 요구사항과 지급재료 목록에 변동이 있을 수 있으니 주의하시오.

지급재료 목록

• 쇠고기(살코기(길이 7cm)) 50g • 건표고버섯(지름 5cm 정도, 물에 불린 것) 1개(부서지지 않은 것) • 당근(길이 7cm 정도 (중, 곧은 것)) 50g • 오이(가늘고 곧은 것(20cm 정도)) 1/2개 • 통도라지(껍질 있는 것, 길이 20cm 정도) 1개 • 산적꼬치(길이 8~9cm 정도) 2개 • 진간장 5㎖ • 대파(흰부분(4cm 정도)) 1토막 • 마늘(중(깐 것)) 1쪽 • 소금(정제염) 5g • 백설탕 5g • 깨소금 5g • 참기름 5㎖ • 검은후춧가루 2g • 잣(깐 것) 10개 • A4용지 1장 • 달걀 2개 • 식용유 30㎖

양념 비율

• 고기(간장)양념 : 간장 1ts, 설탕 1/2ts, 다진 파 · 다진 마늘 · 깨소금 · 참기름 · 후춧가루 약간

만드는 법

❶ 냄비에 물을 끓인다.
❷ 도라지는 먼저 7cm로 자른 후 껍질을 벗겨내고 0.6×1×6cm 크기로 썰어 소금에 절여서 쓴맛을 뺀다.
❸ 오이는 0.6×1×6cm 크기로 썰어 소금에 절인 뒤 물기를 뺀다.
❹ 당근은 0.6×1×6cm 크기로 썰어 놓는다.
❺ 파, 마늘은 곱게 다져서 고기양념을 만들어 놓는다.
❻ 불려서 나온 표고버섯은 기둥을 떼고 0.6×1×6cm 크기로 썰어 고기양념을 한다.
❼ 쇠고기는 0.4×1.5×8cm로 썰어 잔칼집을 넣고 고기양념을 한다.
❽ 달걀은 노른자만 소금을 넣고 부드럽게 풀어 놓는다.
❾ 물이 끓으면 소금을 넣고 도라지와 당근을 데쳐 찬물에 식힌다.
❿ 팬에 기름을 두르고 황백지단, 도라지, 오이, 당근, 표고, 고기 순으로 볶아낸 후 접시에 펼쳐 식힌다.
⓫ 잣은 A4용지에 다져서 잣가루를 만들어 놓는다.
⓬ 산적꼬치에 각 재료의 색을 맞춰 끼운 후 양쪽 끝이 1cm 정도 남도록 정리한다.
⓭ 그릇에 담고 잣가루를 뿌려 낸다.

Point

• 꽃모양처럼 아름다운 적이라 화양적이라고 한다.
• 각 재료의 크기와 두께를 일정하게 썰어 각 재료의 색을 선명하게 살려서 지져야 색과 모양이 좋고 끼우기도 좋다.
• 쇠고기는 익으면 길이와 폭이 줄어들기 때문에 다른 재료보다 조금 더 길고 얇게 썰어 준비한다.
• 잣은 젖은 면보로 닦은 후 잣눈을 제거하고, A4용지를 깔고 칼로 눌러서 기름을 제거한 뒤 칼로 곱게 다져서 잣가루를 만들어 사용한다.

Memo

사슬적

시험시간
35분

- 미나리강회, 화전, 수란, 오징어구이와 함께 출제됨(**과년도 : 2001.11.6**)
- 양파전, 된장찌개, 깍두기, 도라지정과와 함께 출제됨(**과년도 : 2001.11.7**)
- 무생채, 오이선, 두부젓국찌개, 꽃게찜과 함께 출제됨(**과년도 : 2004.9.22, 2007.10.11, 2011.5.9**)
- 두부조림, 북어찜, 표고전, 호박눈썹나물과 함께 출제됨(**과년도 : 2008.10.7**)
- 파전, 깍두기, 도라지생채, 된장찌개와 함께 출제됨(**과년도 : 2008.10.6**)
- 매작과, 두부전골, 무생채, 잡채와 함께 출제됨(**과년도 : 2011.5.10**)

요구사항

주어진 재료를 사용하여 다음과 같이 사슬적을 만드시오.

❶ 각각 1×6×0.7cm 크기로 썰어 꼬치를 2개 제출하시오.

※ 시험장에 따라 요구사항과 지급재료 목록에 변동이 있을 수 있으니 주의하시오.

지급재료 목록

• 동태(400g 정도) 1/2마리 • 쇠고기 80g • 두부 30g • 잣 5g • 밀가루 1큰술 • 대꼬챙이 2개 • 소금 5g • 흰후춧가루 2g • 생강 1톨 • 설탕 5g • 대파(흰부분) 1대 • 마늘 1톨 • 식초 15㎖ • 간장 15㎖ • 깨소금 2g • 참기름 5㎖

양념 비율

• 생선살 : 생강즙, 소금, 흰후춧가루
• 초간장 : 식초 1, 간장 1, 설탕 1/2

만드는 법

❶ 동태는 껍질을 벗겨서 2×8×0.5cm 크기로 썰어 소금과 흰후춧가루, 생강즙으로 밑간을 한다.
❷ 쇠고기는 곱게 다지고, 두부는 곱게 으깨서 함께 양념을 한다.
❸ 실백은 곱게 다진다.
❹ 동태를 꼬챙이에 끼우고 고기와 맞닿는 쪽에 밀가루를 묻힌 다음 사이사이에 ①의 고기를 모양내어 꼬챙이에 끼운다.
❺ 프라이팬에 기름을 두르고 꼬치를 지져 접시에 담는다.
❻ 잣가루를 뿌리고 초간장을 곁들여 낸다.

Point

• 고기와 생선은 줄어듦으로 1~2cm 정도 길이를 감안하여 자르도록 한다.
• 다져서 양념한 쇠고기는 사슬적 뒷면에 붙여 지지기도 한다.

Memo

장산적

시험시간
30분

- 시금치된장국, 비빔밥, 오이생채, 나박김치와 함께 출제됨(**과년도 : 2002.10.6, 2008.10.7**)
- 칠절판, 무숙장아찌, 미나리강회, 율란 & 조란과 함께 출제됨(**과년도 : 2004.9.22, 2007.10.12, 2009.4.24, 2010.9.18**)

요구사항

주어진 재료를 사용하여 다음과 같이 장산적을 만드시오.

❶ 장산적은 3×3×0.5cm 크기로 준비하여 석쇠에 구워 조림장에 윤기나게 조려 주어진 재료 전량을 제출하시오.

※ 시험장에 따라 요구사항과 지급재료 목록에 변동이 있을 수 있으니 주의하시오.

지급재료 목록

• 쇠고기(살코기) 200g • 두부 70g • 대파(흰부분(4cm 정도)) 1토막 • 마늘(중(깐 것)) 1쪽 • 소금(정제염) 5g • 백설탕 20g • 깨소금 5g • 참기름 5㎖ • 검은후춧가루 2g • 잣(깐 것) 10개 • A4용지 1장 • 식용유 30㎖

양념 비율

• 소금양념 : 소금 1/2작은술, 참기름 1작은술, 깨소금 1/2작은술, 후춧가루 약간, 다진 파 · 마늘 적당량, 설탕 1/2작은술(육원전과 다른 양념은 같으나 설탕이 들어간다.)

• 조림양념 : 물 1/2컵, 간장 1큰술, 설탕 1/2큰술, 검은후춧가루 약간→윤기낼 때 간장 1/2큰술~1작은술, 설탕 1/2큰술, 참기름을 넣는다.

만드는 법

❶ 파, 마늘을 곱게 다진다.
❷ 두부는 면보에 넣어 물기를 제거한 후 칼등으로 으깬다.
❸ 쇠고기는 키친타월에 핏물을 제거하고 살만 곱게 다진다.
❹ 쇠고기와 두부의 비율이 3 : 1이 되게 하고 파, 마늘, 소금, 깨소금, 참기름, 후추, 설탕으로 양념하여 끈기가 생기도록 충분히 치댄다.
❺ 도마 위에 식용유를 살짝 발라서, 양념고기를 두께 0.5cm가 되도록 네모지게 반대기를 짓고 가로, 세로로 잔칼집을 곱게 넣는다.
❻ 석쇠에 식용유를 발라 코팅한 다음 고기가 타지 않게 굽는다.
❼ 잣은 A4용지에 다져서 잣가루를 만들어 놓는다.
❽ 구운 섭산적은 완전히 식은 후 3×3cm로 조림장에 윤기나게 조린다.
❾ 그릇에 장산적을 담고, 윤기나게 조린 국물을 끼얹고 잣가루를 고명으로 얹는다.

Point

• 쇠고기와 두부는 곱게 다진 후 충분히 치대어 끈기가 생기도록 해야 구울 때 부서지지 않고 표면이 매끈하다.
• 도마 위에 위생비닐이나 랩을 깔고 반대기를 만들면 쉽게 떼어낼 수도 있고, 쉽게 움직여 모양내기도 좋다.
• 구울 때 달라붙지 않도록 여러 번 석쇠를 달군 다음 기름을 발라 코팅하고, 석쇠를 움직여가면서 색이 고루 나도록 굽는다.
• 섭산적은 완전히 식은 뒤에 썰어야 부스러지지 않고 모양이 반듯하다.
• 조림을 센 불에서 하면 부서지므로 약한 불에서 은근히 조려 윤기를 낸다.
• 잣은 젖은 면보로 닦은 후 잣눈을 제거하고, A4용지를 깔고 칼로 눌러서 기름을 제거한 뒤 칼로 곱게 다져서 잣가루를 만들어 사용한다.

Memo

풋고추전

시험시간
25분

✤ 무나물, 감자조림, 너비아니, 북어보푸라기와 함께 출제됨(과년도 : 2000.10.14)

✤ 칠절판, 더덕생채, 연근조림, 뱅어포구이와 함께 출제됨(과년도 : 2008.10.6, 2010.9.17)

요구사항

주어진 재료를 사용하여 다음과 같이 풋고추전을 만드시오.

❶ 풋고추는 먼저 5cm 정도의 길이로 정리하여 소를 넣고 지져내시오. (단, 주어진 재료의 크기에 따라 가감한다.)

❷ 풋고추는 반을 갈라 데쳐서 사용하며 완성된 풋고추전은 8개를 제출하시오.

※ 시험장에 따라 요구사항과 지급재료 목록에 변동이 있을 수 있으니 주의하시오.

지급재료 목록

• 풋고추(길이 5cm 이상) 4개(곧은 것) • 쇠고기(살코기) 30g • 두부 15g • 밀가루(중력분) 15g • 달걀 1개
• 대파(흰부분(4cm 정도)) 1토막 • 검은후춧가루 1g • 참기름 5㎖ • 소금(정제염) 5g • 깨소금 5g • 마늘(중(깐 것)) 1쪽
• 식용유 20㎖ • 백설탕 5g

양념 비율

- 소금양념 : 소금 1/3작은술, 참기름 1/2작은술, 깨소금 1/3작은술, 후춧가루 약간, 다진 파 · 마늘 적당량, 설탕 약간
- 초간장 : 식초 1작은술, 간장 1작은술, 설탕 1/2작은술

만드는 법

❶ 냄비에 물을 끓인다.
❷ 풋고추는 꼭지를 따고 반으로 갈라 씨를 제거하여, 소금물에 데친 후 식혀서 5cm 길이로 자른다.
❸ 파, 마늘을 곱게 다진다.
❹ 두부는 면보에 넣어 물기를 제거한 후 칼등으로 으깬다.
❺ 쇠고기는 키친타월에 핏물을 제거한 후 살만 곱게 다진다.
❻ 쇠고기, 두부, 파, 마늘, 소금, 깨소금, 참기름, 후추, 설탕으로 양념하여 끈기가 생기도록 충분히 치댄다.
❼ 데친 풋고추 안쪽에 밀가루를 솔솔 뿌리고 양념한 고기소를 가운데 배가 불룩하지 않도록 편편하게 채운다.
❽ 소가 들어간 쪽만 밀가루를 묻혀 달걀노른자(소금 넣어 푼 것)에 묻힌 후 약한 불에서 고기소가 들어간 쪽을 팬의 바닥에 닿도록 하여 먼저 익힌 후 다시 뒤집어 살짝 익힌다.

Point

- 소를 넣을 때 조금만 넣고, 팬에 넣어 눌러 지져낸 다음 파란 쪽은 불을 끄고 잠시 지졌다가 바로 뒤집어야 색이 누렇게 변색되지 않고 곱다.
- 완성된 풋고추 등쪽은 기름 묻힌 종이로 닦아내야 색이 고와지고 푸른색이 깨끗하다.
- 양념의 간은 소금으로 해야 물기가 생기지 않는다.
- 풋고추는 맵기 때문에 고기소양념에 설탕이 들어간다.

Memo

표고전

시험시간
20분

- 북어보푸라기, 잡채, 두부선, 애탕과 함께 출제됨(**과년도 : 2001.11.6**)
- 두부조림, 북어찜, 사슬적, 호박눈썹나물과 함께 출제됨(**과년도 : 2008.10.7**)

요구사항

주어진 재료를 사용하여 다음과 같이 표고전을 만드시오.

❶ 표고버섯과 속은 각각 양념하시오.

❷ 완성된 표고전은 5개를 제출하시오.

※ 시험장에 따라 요구사항과 지급재료 목록에 변동이 있을 수 있으니 주의하시오.

지급재료 목록

• 건표고버섯(지름 2.5~4cm 정도) 5개(부서지지 않은 것을 불려서 지급) • 쇠고기(살코기) 30g • 두부 15g
• 밀가루(중력분) 20g • 달걀 1개 • 대파(흰부분(4cm 정도)) 1토막 • 검은후춧가루 1g • 참기름 5㎖ • 소금(정제염) 5g
• 깨소금 5g • 마늘(중(깐 것)) 1쪽 • 식용유 20㎖ • 진간장 5㎖ • 백설탕 5g

양념 비율

- **표고 속양념** : 간장 1작은술 , 설탕 1/2작은술
- **소금양념** : 소금 1/3작은술, 참기름 1/2작은술, 깨소금 1/3작은술, 후춧가루 약간, 다진 파 · 마늘 적당량
- **초간장** : 식초 1작은술, 간장 1작은술, 설탕 1/2작은술

만드는 법

❶ 불려서 나온 표고는 기둥을 떼고 물기를 제거하여 간장, 설탕에 양념한다.
❷ 파, 마늘을 곱게 다진다.
❸ 두부는 면보에 물기를 제거하여 칼등으로 으깬다.
❹ 쇠고기는 키친타월에 핏물을 제거하고 살만 곱게 다진다.
❺ 쇠고기, 두부, 파, 마늘, 소금, 깨소금, 참기름, 후추로 양념하여 끈기가 생기도록 충분히 치댄다.
❻ 양념한 표고 안쪽에 밀가루를 솔솔 뿌리고 양념한 고기소를 가운데 배가 불룩하지 않도록 편편하게 채운다.
❼ 소가 들어간 쪽만 밀가루를 묻혀 달걀노른자(소금을 넣어 푼 것)에 묻힌 후 약한 불에서 고기소가 들어간 쪽을 팬의 바닥에 닿도록 하여 먼저 익힌 후 다시 뒤집어 더 익힌다.

Point

- 표고버섯은 소를 채우기 전 표고 안쪽을 방망이나 칼등으로 자근자근 두드려 양념하면 간이 골고루 배고 표고도 부드러워진다.
- 표고의 속양념을 많이 하면 물이 생겨 지질 때 속이 빠지게 한다.
- 양념의 간은 소금으로 해야 물기가 생기지 않는다.
- 고기소를 너무 많이 넣어 표고의 배가 나오면 익힐 때 팬의 바닥에 닿는 면이 고르지 않고 잘 익지 않을 뿐 아니라 색깔도 고르지 않게 되므로 소는 얇게 넣고 가장자리를 예쁘게 다듬은 후 모양을 잡아 전을 지져야 보기가 좋다.

Memo

생선전

시험시간
25분

✤ 두부젓국찌개, 나박김치, 죽순채, 쇠고기장국과 함께 출제됨
(과년도 : 2005.9.27)

요구사항

주어진 재료를 사용하여 다음과 같이 생선전을 만드시오.

❶ 부쳐진 전의 크기는 균일하게 하시오(약 5×4×0.5cm 정도).
❷ 달걀은 흰자, 노른자를 혼합하여 사용하시오.
❸ 생선전은 8개 제출하시오.
※ 시험장에 따라 요구사항과 지급재료 목록에 변동이 있을 수 있으니 주의하시오.

지급재료 목록

• 동태(400g 정도) 1마리 • 밀가루(중력분) 30g • 달걀 1개 • 소금(정제염) 10g • 흰후춧가루 2g • 식용유 50㎖

양념 비율

• **포 뜬 생선살** : 소금, 흰후춧가루
• **초간장** : 식초 1작은술, 간장 1작은술, 설탕 1/2작은술

만드는 법

❶ 동태는 비늘을 긁어내고 머리를 잘라 내장을 제거하여 깨끗이 씻은 후 물기를 닦고 세장 뜨기를 한다.
❷ 껍질 쪽을 도마에 가도록 두고 꼬리 쪽에 칼을 넣어 조금 떠 벗겨진 껍질을 왼손에 잡고 칼을 오른쪽으로 밀면서 살과 껍질을 벗겨낸다.
❸ 껍질을 벗긴 생선살은 6×5×0.3cm가 되도록 포를 8개 떠서 소금, 흰후춧가루에 밑간한다.
❹ 달걀에 소금을 넣고 잘 풀어 달걀물을 준비해 둔다.
❺ 생선살의 물기를 제거한 후 밀가루를 앞뒤로 묻히고 여분의 밀가루는 털어낸 후 달걀물에 담가둔다.
❻ 팬에 기름을 두르고 약한 불에서 양면을 노릇하게 지져낸다.

Point

• 생선의 포를 뜰 때는 특히 도마나 기구류의 위생상태에 주의한다.
• 생선포를 뜰 때는 살이 부서지지 않도록 한다.
• 생선은 소금과 흰후춧가루로 밑간을 하여 수분을 제거해야 밀가루 옷이 벗겨지지 않는다.
• 달걀은 흰자와 노른자를 혼합하여 달걀물을 만든다.

Memo

깻잎전

시험시간 **20분**

✤ 두부조림, 탕평채, 오이숙장아찌, 파강회와 함께 출제됨
(과년도 : 2001.11.5, 2005.9.27)

요구사항

주어진 재료를 사용하여 다음과 같이 깻잎전을 만드시오.

❶ 전은 5개를 만들어 내시고, 초간장을 곁들여 내시오.

※ 시험장에 따라 요구사항과 지급재료 목록에 변동이 있을 수 있으니 주의하시오.

지급재료 목록

• 깻잎 30g • 쇠고기(살코기) 60g • 두부 30g • 밀가루(중력분) 20g • 달걀 1개 • 대파(흰부분(4cm 정도)) 1토막
• 검은후춧가루 1g • 참기름 5㎖ • 소금(정제염) 5g • 깨소금 5g • 마늘(중(깐 것)) 1쪽 • 식용유 20㎖ • 진간장 5㎖
• 백설탕 5g • 식초 5㎖

양념 비율

• 소금양념 : 소금 1/3작은술, 참기름 1/2작은술, 깨소금 1/3작은술, 후춧가루 약간, 다진 파 · 마늘 적당량
• 초간장 : 식초 1작은술, 간장 1작은술, 설탕 1/2작은술

만드는 법

❶ 깻잎은 일정한 크기로 준비하여 깨끗이 씻어서 물기를 제거한다.
❷ 두부는 으깨고, 쇠고기는 다져서 두부와 섞어서 소양념을 한다.
❸ 준비한 깻잎 안쪽에 밀가루를 묻힌 다음 소를 얄팍하게 넣어 반으로 접는다.
❹ ③에 밀가루를 묻히고 달걀물을 씌워서 프라이팬에 지져낸다.
❺ 초간장 곁들여 낸다.

Point

• 깻잎은 너무 크지 않고, 크기가 일정한 것을 사용한다.
• 깻잎은 너무 오래 지지지 말고 색이 파래지면 내도록 한다.
• 최대한 속은 적게 넣어야 빨리 익어 깻잎 색깔이 파랗게 될 수 있다.

Memo

양파전

시험시간
20분

✤ 된장찌개, 깍두기, 사슬적, 도라지정과와 함께 출제됨
(과년도 : 2001.11.7)

요구사항

주어진 재료를 사용하여 다음과 같이 양파전을 만드시오.

❶ 양파는 0.4cm 두께로 썰고, 양파전은 5개를 내시오.

❷ 초간장을 곁들여 내시오.

※ 시험장에 따라 요구사항과 지급재료 목록에 변동이 있을 수 있으니 주의하시오.

지급재료 목록

- 양파 1개 • 쇠고기(살코기) 60g • 두부 30g • 밀가루(중력분) 20g • 달걀 1개 • 대파(흰부분(4cm 정도)) 1토막
- 검은후춧가루 1g • 참기름 5㎖ • 소금(정제염) 5g • 깨소금 5g • 마늘(중(깐 것)) 1쪽 • 식용유 20㎖ • 진간장 5㎖
- 백설탕 5g • 식초 5㎖

양념 비율

- **소금양념** : 소금 1/3작은술, 참기름 1/2작은술, 깨소금 1/3작은술, 후춧가루 약간, 다진 파 · 마늘 적당량
- **초간장** : 식초 1작은술, 간장 1작은술, 설탕 1/2작은술

만드는 법

❶ 양파는 동그란 구멍이 생기게 측면으로 0.4cm 두께로 썰어, 소금을 뿌려 살짝 절인 후 물기를 닦아낸다.
❷ 쇠고기는 곱게 다지고, 물기를 꼭 짠 두부와 같이 양념을 한다.
❸ 양파 가운데 쇠고기를 채워 넣고 밀가루와 달걀물을 입혀 프라이팬에 지져낸다.
❹ 초간장을 곁들여 낸다.

Point

- 양파를 절이지 않고 전을 부치면, 양파에서 물기가 많이 나와 속이 빠지게 되고, 전의 모양도 예쁘게 나오지 않는다.
- 양파는 겉쪽보다 안쪽에 있는 것의 모양이 좋다.

Memo

호박전

시험시간
20분

✤ 더덕생채, 생선양념구이, 탕평채, 호두간장조림과 함께 출제됨(**과년도 : 2000.10.15**)

✤ 알찜, 오이소박이, 멸치조림, 규아상과 함께 출제됨(**과년도 : 2003.10.6**)

요구사항

주어진 재료를 사용하여 다음과 같이 호박전을 만드시오.

❶ 호박은 둥글게 0.5cm 두께로 썰며, 5개의 완성품과 초간장을 같이 제출하시오.

※ 시험장에 따라 요구사항과 지급재료 목록에 변동이 있을 수 있으니 주의하시오.

지급재료 목록

• 애호박 1/2개 • 홍고추 1개 • 밀가루 20g • 소금 5g • 달걀 1개 • 간장 5㎖ • 식용유 15㎖ • 식초 5㎖ • 설탕 2g

양념 비율

• 초간장 : 식초 1, 간장 1, 설탕 1/2

만드는 법

❶ 애호박은 0.5cm 정도의 두께로 썰어 소금에 온전히 절인 다음 10분 정도 후에 물기를 닦는다.
❷ 홍고추는 씨와 속을 뜯어내고 마름모꼴로 만든다.
❸ 밀가루를 묻히고 달걀물을 씌워 달구어진 프라이팬에 기름을 두르고 한 면을 먼저 지지면서 ②를 올려 뒤집어서 지진다.
❹ 초간장을 곁들여 낸다.

Point

• 호박전은 여러 번 뒤집으면 모양이 흐트러지므로 한 번에 완전히 익힌 다음 한 번만 뒤집도록 한다.
• 홍고추가 지급재료 목록에 없는 경우도 있다.

Memo

옥수수전

시험시간 **25분**

✤ 미나리강회, 무생채, 오징어볶음, 연근조림과 함께 출제됨
(과년도 : 2004.9.21, 2006.10.10, 2009.4.25)

요구사항

주어진 재료를 사용하여 다음과 같이 옥수수전을 만드시오.

❶ 옥수수전은 5cm 크기로 지져서 5개를 제출하시오.

※ 시험장에 따라 요구사항과 지급재료 목록에 변동이 있을 수 있으니 주의하시오.

지급재료 목록

• 옥수수(캔) 200g • 완두콩(캔) 50g • 밀가루 10g • 소금 5g

만드는 법

❶ 옥수수와 완두콩은 깨끗이 씻고, 체반에 밭쳐 물기를 뺀 다음 곱게 다진다.
❷ 옥수수와 완두콩에 밀가루를 넣고 물을 약간 부어 재료가 서로 엉기도록 걸쭉하게 반죽하여 소금으로 간한다.
❸ 달군 팬에 식용유를 두르고 5cm 크기로 지진다.

Point

• 옥수수와 완두콩은 수분이 없어야 잘 부서지지 않는다.
• 반죽이 질 경우 한 숟가락씩 떠서 지져낸다.

Memo

새우전

시험시간
25분

✤ 오이생채, 육회, 더덕구이, 갈비찜과 함께 출제됨
(과년도 : 2005.9.26)

요구사항

주어진 재료를 사용하여 다음과 같이 새우전을 만드시오.

❶ 새우전은 완성품을 5개 제출하시오.

※ 시험장에 따라 요구사항과 지급재료 목록에 변동이 있을 수 있으니 주의하시오.

지급재료 목록

• 새우(중(20미)) 5마리 • 홍고추 1개 • 소금 5g • 후춧가루 2g • 밀가루 30g • 달걀 1개 • 간장 5㎖ • 설탕 5g • 식초 5㎖ • 식용유 5㎖

양념 비율

• 새우 밑간 : 소금, 흰후춧가루
• 초간장 : 식초 1작은술, 간장 1작은술, 설탕 1/2작은술

만드는 법

❶ 새우는 깨끗이 씻어 머리를 떼어내고 꼬리 마지막 한 마디의 껍질은 남기고 나머지는 벗긴다. 등쪽의 내장을 제거하고, 배쪽에 칼집을 서너 번 넣은 후 등이 구부러지지 않도록 하고, 등쪽에 길이로 칼집을 얕게 넣어 한 장으로 펴서 소금과 흰후춧가루로 밑간을 한다.
❷ 홍고추는 반으로 갈라 씨를 빼고, 2cm 길이로 가늘게 채썬다.
❸ 달걀은 깨뜨려서 소금으로 간한 다음 잘 풀어서 달걀물을 준비한다.
❹ ①의 새우는 수분을 제거한 후 밀가루를 꼬리 쪽만 묻지 않도록 얇게 묻힌 다음, 달걀물에 담갔다가 건져서 프라이팬에 기름을 두르고 지져낸다.
❺ 한 면을 익히고 뒤집을 때 채썬 홍고추를 얹고 뒤집어서 반대쪽도 익힌다.
❻ 초간장을 곁들여 낸다.

Point

• 새우가 구부러지지 않도록 칼집을 여러 번 넣어주고, 반이 갈라지지 않도록 잘 갈라서 한 장으로 만든다.
• 지급재료 목록에 홍고추가 없는 경우도 있다.
• 지급재료 목록에 잣이 있으면 잣가루를 내어 초간장에 넣는다.

Memo

양동구리

시험시간 30분

✤ 장국죽, 제육구이, 잡채, 장김치와 함께 출제됨
(과년도 : 2007.10.12, 2011.5.9)

요구사항

주어진 재료를 사용하여 다음과 같이 양동구리를 만드시오.

❶ 양동구리는 지름 5cm의 크기로 5개 만들어 제출하시오.

※ 시험장에 따라 요구사항과 지급재료 목록에 변동이 있을 수 있으니 주의하시오.

지급재료 목록

• 양 300g • 대파 1개 • 마늘 1톨 • 소금 40g • 밀가루 50g • 참기름 15㎖ • 녹말가루 40g • 설탕 5g • 달걀 1개
• 간장 5㎖ • 식초 5㎖ • 식용유 20㎖ • 깨소금 2g • 검은후춧가루 2g

양념 비율

• **초간장** : 식초 1작은술, 간장 1작은술, 설탕 1/2작은술

만드는 법

❶ 양은 소금과 밀가루로 문질러 씻어 안쪽에 붙어 있는 기름덩어리와 막을 벗긴다.
❷ 끓는 물에 양을 넣어 데친 후 건져서 검은 막을 긁어내고 곱게 다진다.
❸ 파, 마늘은 곱게 다진다.
❹ 다진 양에 양념을 한 다음 녹말가루와 달걀을 풀어 넣어 고루 섞는다.
❺ 프라이팬에 기름을 두르고 한 숟가락씩 떠서 동그랗게 지져낸다.
❻ 초간장을 곁들여 낸다.

Point

• 양은 깨끗이 손질을 해야 냄새가 나지 않는다.
• 양은 곱게 다지지 않으면 전이 질기고 울퉁불퉁하게 되므로 곱게 다져서 전을 부친다.

Memo

장떡

시험시간 **25분**

✤ 어채, 만둣국, 깍두기, 오이선과 함께 출제됨
(과년도 : 2002.10.3, 2006.10.10, 2010.9.16)

요구사항

주어진 재료를 사용하여 다음과 같이 장떡을 만드시오.

❶ 재료를 반죽하여 지름 6cm 정도로 둥글게 지져 5개를 제출하시오.

※ 시험장에 따라 요구사항과 지급재료 목록에 변동이 있을 수 있으니 주의하시오.

지급재료 목록

• 찹쌀가루 1컵 • 된장 10g • 고추장 10g • 풋고추 1개 • 홍고추 1개 • 대파(4cm 길이로) 1개 • 마늘 1톨 • 깨소금 2g • 참기름 5㎖

양념 비율

• 반죽 : 찹쌀가루 1컵, 뜨거운 물 1큰술, 고추장 1큰술, 된장 1큰술, 다진 파 1작은술, 다진 마늘 1/2작은술, 깨소금 1작은술, 참기름 1작은술

만드는 법

❶ 찹쌀가루에 끓인 물과 고추장, 된장을 넣고 고루 섞이도록 치댄다.
❷ 풋고추와 홍고추는 둥글게 썰어 씨를 털어낸다.
❸ ①에 갖은 양념을 하여 지름 4cm 크기로 동글납작하게 빚는다.
❹ 따뜻하게 달군 팬에 기름을 충분히 두르고 ③을 넣어 한쪽 면을 지진 후 뒤집어 그 위에 풋고추와 홍고추를 고명으로 올려 지져낸다.
❺ 완성그릇에 5개를 담아 낸다.

Point

• 고추장이 가루에 잘 풀어지게 하려면 먼저 고추장을 물에 푼 후 가루에 섞어 반죽하면 한결 고르게 된다.
• 장떡을 구울 때 찹쌀가루만 사용하면 늘어지므로 밀가루를 약간 넣는 것이 좋다.
• 장떡은 다른 부침개 종류와는 달리 식었을 때가 쫀득쫀득해 더 맛있다.
• 장떡은 찜통에 쪄내어 볕에 꾸덕꾸덕하게 말려 참기름을 발라 석쇠에 구워먹기도 한다.

Memo

파전

시험시간
30분

✤ 사슬적, 깍두기, 도라지생채, 된장찌개와 함께 출제됨
(과년도 : 2008.10.6)

요구사항

주어진 재료를 사용하여 다음과 같이 파전을 만드시오.

❶ 초간장을 곁들여 제출하시오.

※ 시험장에 따라 요구사항과 지급재료 목록에 변동이 있을 수 있으니 주의하시오.

지급재료 목록

• 쪽파 300g • 조갯살 70g • 굴 70g • 생홍합살 70g • 새우살 70g • 밀가루 1컵 • 쌀가루 1컵 • 달걀 1개
• 소금(정제염) 5g • 깨소금 5g • 식용유 20㎖ • 진간장 5㎖ • 백설탕 5g • 식초 5㎖

양념 비율

- **반죽** : 물 2컵, 달걀 1개, 밀가루 1컵, 쌀가루 1컵, 소금 1/2작은술
- **초간장** : 식초 1작은술, 간장 1작은술, 설탕 1/2작은술

만드는 법

❶ 쪽파는 손질한 후 흰부분을 자근자근 두드린다.
❷ 조갯살, 홍합살, 굴, 새우살은 소금물에 씻어 물기를 제거한다.
❸ 달걀을 푼 후 물을 섞고 밀가루와 쌀가루를 넣어 소금으로 간하여 반죽을 만든다.
❹ 달군 프라이팬에 기름을 두르고 파에 밀가루를 묻혀 밀가루 반죽에 담갔다가 건져 뜨거운 프라이팬에 놓는다.
❺ 파 사이사이에 해물을 넣고 반죽물을 고루 얹어 양면을 지진다.
❻ 초간장을 곁들여 낸다.

Point

• 멸치가 나올 경우는 다시멸치를 만들어 물로 반죽한다.

Memo

Korean
Traditional Food

Part 7 생채 · 숙채

무생채

시험시간 **15분**

- 나박김치, 너비아니, 밀쌈, 삼치조림과 함께 출제됨**(과년도 : 2003.10.6)**
- 미나리강회, 오징어볶음, 옥수수전, 연근조림과 함께 출제됨**(과년도 : 2004.9.21, 2006.10.10, 2009.4.25)**
- 두부젓국찌개, 오이선, 꽃게찜, 사슬적과 함께 출제됨**(과년도 : 2004.9.22, 2007.10.11, 2011.5.9)**
- 사슬적, 매작과, 두부전골, 잡채와 함께 출제됨 **(과년도 : 2011.5.10)**

요구사항

주어진 재료를 사용하여 다음과 같이 무생채를 만드시오.

❶ 무는 0.2×0.2×6cm 크기로 채써시오.
❷ 생채는 고춧가루를 사용하시오.
❸ 70g 이상의 무생채를 제출하시오.
※ 시험장에 따라 요구사항과 지급재료 목록에 변동이 있을 수 있으니 주의하시오.

지급재료 목록

• 무 100g(길이 7cm 정도) • 소금(정제염) 5g • 고춧가루 10g • 백설탕 10g • 식초 5㎖ • 대파(흰부분(4cm 정도)) 1토막
• 마늘(중(깐 것)) 1쪽 • 깨소금 5g • 생강 4g

양념 비율

• 무채, 고운 고춧가루 1작은술→물들이기→설탕 1작은술, 소금 1/3작은술, 식초 1작은술→파, 마늘, 생강→깨소금 1/2작은술

만드는 법

❶ 무는 0.2×0.2×6cm 크기로 고르게 채썬다.
❷ 파, 마늘, 생강을 곱게 다진다.
❸ 고춧가루는 체에 한 번 내려서 무에 뿌려 붉게 물들인다.
❹ 설탕, 소금, 식초 순으로 넣어 간을 맞추고 나머지 양념을 넣어 버무려 담아 낸다.

Point

• 무는 길이대로 넓게 썰어야 하며 칼을 무에 대고 밀어가면서 고르게 채써는 것이 좋다.
• 생채는 손끝으로 가볍게 살살 무쳐야 싱싱해져 좋으며 그릇에 담을 때 국물은 담지 않는다.
• 생채는 미리 무쳐내면 물이 생기므로 내기 직전에 무쳐야 한다.

Memo

더덕생채

시험시간 **20분**

- 오이소박이, 느타리버섯나물, 북어양념구이, 쇠고기장조림과 함께 출제됨(**과년도 :** 2000.10.13, 2005.9.26)
- 생선양념구이, 탕평채, 호박전, 호두간장조림과 함께 출제됨(**과년도 :** 2000.10.15)
- 어선, 화양적, 호박눈썹나물, 죽순찜과 함께 출제됨(**과년도 :** 2004.9.21, 2006.10.11, 2009.4.24, 2010.9.16)

요구사항

주어진 재료를 사용하여 다음과 같이 더덕생채를 만드시오.

❶ 더덕은 5cm 정도의 길이로 썰어 두들겨 편 후 찢으시오.

❷ 고춧가루로 양념하여 전량 제출하시오.

※ 시험장에 따라 요구사항과 지급재료 목록에 변동이 있을 수 있으니 주의하시오.

지급재료 목록

- 통더덕(껍질 있는 것, 길이 10~15cm 정도) 5개 • 마늘(중(깐 것)) 1쪽 • 백설탕 5g • 식초 5㎖
- 대파(흰부분(4cm 정도)) 1토막 • 소금(정제염) 5g • 깨소금 5g • 고춧가루 20g

양념 비율

- 생채양념(고춧가루) : 고운 고춧가루 2큰술, 설탕 1작은술, 식초 1작은술, 소금 1/2작은술, 파 · 마늘 적당량, 깨소금 1/2작은술

만드는 법

1. 더덕은 흙 없이 깨끗이 씻어 5cm 길이로 썰어 껍질을 돌려가며 벗긴 다음 미지근한 소금물에 담가 쓴맛을 우려낸다.
2. 파, 마늘을 곱게 다져 고춧가루양념을 만든다.
3. 소금물에 절인 더덕은 물기를 닦아 방망이로 자근자근 두들겨 잘 펴서 가늘고 일정하게 찢는다.
4. 찢은 더덕에 양념장을 넣어 무치고 담을 때는 펴서 부풀려 담는다.

Point

- 더덕은 소금물에 담가 쓴맛을 제거해야 생채를 무쳤을 때 씁쓸한 맛이 감소되며, 방망이로 자근자근 두드려야 더덕이 부서지지 않는다.
- 더덕이 클 경우 물을 끓여 미지근한 소금물에 절인다.
- 더덕 길이 5cm로 썰 때 뿌리 먼저 썰어서 두꺼운 윗부분을 버린다.

Memo

도라지 생채

시험시간 15분

♣ 밀쌈, 호박죽, 나박김치, 대합찜과 함께 출제됨 (과년도 : 2001.11.5)

♣ 사슬적, 파전, 깍두기, 된장찌개와 함께 출제됨 (과년도 : 2008.10.6)

요구사항

주어진 재료를 사용하여 다음과 같이 도라지생채를 만드시오.

❶ 도라지의 크기는 0.3×0.3×6cm로 썰어 사용하시오.

❷ 생채는 고추장과 고춧가루양념으로 무치시오.

※ 시험장에 따라 요구사항과 지급재료 목록에 변동이 있을 수 있으니 주의하시오.

지급재료 목록

• 통도라지(껍질 있는 것) 3개 • 소금(정제염) 5g • 고추장 20g • 백설탕 10g • 식초 15㎖ • 대파(흰부분(4cm 정도)) 1토막 • 마늘(중(깐 것)) 1쪽 • 깨소금 5g • 고춧가루 10g

양념 비율

• 초고추장 : 고추장 1큰술, 설탕 1큰술, 식초 1큰술, 파 · 마늘 적당량, 깨소금 1/2작은술, 고춧가루 1/2큰술

만드는 법

❶ 도라지는 씻어 6cm 길이로 썰어서 껍질을 벗긴 후 0.3×0.3cm로 채썰어 소금물에 담가 쓴맛을 우려낸다.
❷ 파 · 마늘은 곱게 다져서 초고추장 양념장을 만들어 놓는다.
❸ 도라지에 초고추장 양념장을 넣어 고루 무친 다음 그릇에 담아 낸다.

Point

• 도라지는 쓴맛을 뺀 후 물기를 짜서 초고추장에 무쳐야 물기가 덜 생긴다.

Memo

오이생채

시험시간 **15분**

- 시금치된장국, 장산적, 비빔밥, 장김치와 함께 출제됨**(과년도 : 2002.10.6, 2008.10.7)**
- 육회, 더덕구이, 새우전, 갈비찜과 함께 출제됨 **(과년도 : 2005.9.26)**
- 구절판, 편수, 깻잎전, 알찜과 함께 출제됨**(과년도 : 2007.10.13)**
- 섭산삼, 두부조림, 호박죽, 오이숙장아찌와 함께 출제됨**(과년도 : 2007.10.14)**

요구사항

주어진 재료를 사용하여 다음과 같이 오이생채를 만드시오.

❶ 오이는 0.2cm 두께의 원형으로 썰어 완성품을 제출하시오.

※ 시험장에 따라 요구사항과 지급재료 목록에 변동이 있을 수 있으니 주의하시오.

지급재료 목록

• 오이 1/2개 • 대파 1개 • 마늘 1톨 • 고춧가루 10g • 식초 5㎖ • 설탕 5g • 깨소금 2g

양념 비율

• 생채양념 : 고운 고춧가루 1큰술, 식초 1큰술, 설탕 1큰술, 소금 1/2작은술, 다진 파 1작은술, 다진 마늘 1/2작은술, 깨소금 약간

만드는 법

❶ 오이는 통째로 소금에 비벼 씻은 후 0.2cm 두께의 원형으로 일정하게 썬다.
❷ 썬 오이를 소금에 살짝 절여 면보에 싸서 물기를 제거한다.
❸ 내기 직전에 고춧가루양념으로 무쳐서 보기 좋게 그릇에 담아 낸다.

Point

• 생채는 무쳐서 오래 두면 빛깔이 변하고 국물이 많이 생기므로 내기 직전에 무친다.

Memo

무나물

시험시간
20분

✤ 감자조림, 너비아니, 풋고추전, 북어보푸라기와 함께 출제됨
(과년도 : 2000.10.14)

요구사항

주어진 재료를 사용하여 다음과 같이 무나물을 만드시오.

❶ 무나물은 길이 6cm, 굵기 0.3cm로 결대로 썰어 볶아서 제출하시오.

※ 시험장에 따라 요구사항과 지급재료 목록에 변동이 있을 수 있으니 주의하시오.

지급재료 목록

• 무 200g • 대파 1개 • 마늘 1톨 • 소금 5g • 깨소금 2g • 참기름 5㎖ • 식용유 15㎖ • 실고추 5g • 생강 1톨

양념 비율

• 소금 1작은술, 다진 파 1큰술, 다진 마늘 1/2큰술, 다진 생강 약간→물 2큰술→참기름, 깨소금

만드는 법

❶ 무는 씻어서 길이 6cm, 굵기 0.3cm로 결대로 채썬다.
❷ 파, 마늘은 곱게 다진다.
❸ 생강은 즙을 낸다.
❹ 냄비에 참기름을 두르고 채썬 무를 넣고 볶다가 소금, 파, 마늘, 생강을 넣어 볶은 후 물 2큰술을 넣어 뚜껑을 덮고 약한 불로 은근히 익힌다.
❺ 무나물이 익으면 깨소금과 참기름, 실고추를 넣어 고루 섞은 다음 국물과 함께 담는다.

Point

• 무를 채썰어서 볶다가 물을 넣고 무르게 익혀야 부드러운 맛을 낼 수 있다.
• 무나물은 낮은 온도에서 오래 볶고 은근히 익혀야 간이 잘 밴다.
• 기름막이 돌아야 맛있다.
• 참기름 대신 들기름을 넣기도 한다.
• 생강은 다져서 사용하여도 괜찮고 생강즙으로 사용해도 된다.

Memo

호박눈 썹나물 (호박나물)

시험시간 25분

✤ 어선, 화양적, 더덕생채, 죽순찜과 함께 출제됨 (과년도 : 2004.9.21, 2006.10.11, 2009.4.24, 2010.9.16)
✤ 두부조림, 북어찜, 사슬적, 표고전과 함께 출제됨(과년도 : 2008.10.7)

요구사항

주어진 재료를 사용하여 다음과 같이 호박눈썹나물을 만드시오.

❶ 호박은 눈썹모양으로 썰어 볶아서 제출하시오.

※ 시험장에 따라 요구사항과 지급재료 목록에 변동이 있을 수 있으니 주의하시오.

지급재료 목록

• 애호박(길이 10~15cm 정도) 1/4개 • 대파(흰부분(4cm 정도)) 1토막 • 마늘(중(깐 것)) 1쪽 • 새우젓 10g • 실고추 5g(홍고추) • 깨소금 5g • 참기름 10㎖ • 소금(정제염) 10g • 식용유 10㎖

만드는 법

❶ 애호박은 반으로 잘라 씨를 도려낸 후 반달모양으로 썰어 소금에 절인 다음 물기를 제거한다.
❷ 파, 마늘은 곱게 다진다.
❸ 실고추는 3cm 길이로 짧게 끊어 놓는다.
❹ 프라이팬에 참기름을 두르고 호박을 넣어 볶아서 전체에 기름이 고루 돌면 새우젓, 다진 파, 다진 마늘을 넣어 볶는다.
❺ 호박이 익으면 실고추와 깨소금을 넣고 1분 정도 더 볶는다.

Point

• 절여진 호박은 살짝 짭짤해야 뭉개지지 않는다.
• 실고추 대신 홍고추가 나올 수 있다. 같은 3cm 길이로 채썰어서 사용한다.
• 새우젓이 안 나올 경우 소금으로 간을 맞춘다.
• 호박을 살만 저며서 얇게 썬 모양이 눈썹과 비슷하여 일명 눈썹나물이라고도 한다.

Memo

느타리버섯나물

시험시간
25분

✤ 오이소박이, 더덕생채, 북어양념구이, 쇠고기장조림과 함께 출제됨(**과년도 : 2000.10.13, 2005.9.26**)

요구사항

주어진 재료를 사용하여 다음과 같이 느타리버섯나물을 만드시오.

❶ 느타리버섯은 길이로 찢어 사용하고, 볶아서 그릇에 담아 제출하시오.

※ 시험장에 따라 요구사항과 지급재료 목록에 변동이 있을 수 있으니 주의하시오.

지급재료 목록

• 느타리버섯 140g • 진간장 20㎖ • 대파(흰부분(4cm 정도)) 1토막 • 마늘(중(깐 것)) 2쪽 • 쇠고기 40g • 백설탕 10g • 깨소금 5g • 참기름 15㎖ • 검은후춧가루 2g • 풋고추, 홍고추 각 1개

양념 비율

- 고기(간장)양념 : 간장 1ts, 설탕 1/2ts, 다진 파 · 다진 마늘 · 깨소금 · 참기름 · 후춧가루 약간
- 전체양념 : 참기름 1작은술, 깨소금 · 설탕 약간
- 버섯양념 : 참기름, 소금, 다진 파, 다진 마늘

만드는 법

❶ 느타리버섯은 길이로 찢어 소금물에 데친 후 물기를 빼 준다.
❷ 쇠고기는 0.2×0.2×5cm의 크기로 채썰어 양념한다.
❸ 고추는 쇠고기의 크기와 동일하게 채썬다.
❹ 달군 프라이팬에 ①, ②, ③을 각각 볶아 식힌 후 볶은 재료에 전체양념을 넣고 다시 무쳐 접시에 담는다.

Point

- 버섯류를 조리할 때에는 자체의 독특한 맛이 빠지지 않도록 조리하는 것이 중요하므로 너무 오래 익히는 것은 금물이다.
- 버섯은 살짝만 데쳐서 수분만 빠지게 한다.

Memo

죽순채

시험시간 **30분**

✤ 두부젓국찌개, 나박김치, 생선전, 쇠고기장국과 함께 출제됨
(과년도 : 2005.9.27)

요구사항

주어진 재료를 사용하여 다음과 같이 죽순채를 만드시오.

❶ 죽순채의 재료는 5cm 길이로 채썰어 제출하시오.

※ 시험장에 따라 요구사항과 지급재료 목록에 변동이 있을 수 있으니 주의하시오.

지급재료 목록

• 죽순(통조림용) 150g • 쇠고기(살코기) 20g(길이 5cm) • 숙주(생것) 20g • 미나리(줄기부분) 10g • 달걀 1개
• 홍고추 1개 • 진간장 20㎖ • 마늘(중(깐 것)) 2쪽 • 대파(흰부분(4cm 정도)) 1토막 • 검은후춧가루 1g • 참기름 5㎖
• 백설탕 5g • 깨소금 5g • 식초 5㎖ • 건표고버섯(불린 것) 1개 • 식용유 10㎖

양념 비율

- 죽순, 미나리, 숙주 밑간 : 참기름, 소금
- 고기(간장)양념 : 간장 1ts, 설탕 1/2ts, 다진 파 · 다진 마늘 · 깨소금 · 참기름 · 후춧가루 약간
- 초간장 : 식초 1작은술, 간장 1큰술, 설탕 1작은술

만드는 법

❶ 냄비에 물을 끓인다.
❷ 숙주는 머리, 꼬리 떼고 소금물에 데쳐서 참기름, 소금에 무쳐 놓는다.
❸ 미나리는 뿌리와 잎을 떼어 소금물에 데쳐서 4cm 길이로 잘라 참기름, 소금에 무쳐 놓는다.
❹ 죽순은 끓는 물에 데쳐 빗살무늬를 살려 썰어서 참기름, 소금에 무쳐 놓는다.
❺ 파, 마늘은 곱게 다져서 고기양념을 만든다.
❻ 쇠고기와 불린 표고버섯은 채썰어 양념하여 볶는다.
❼ 홍고추는 5cm로 채썰어 볶는다.
❽ 달걀은 황백으로 나누어 지단을 부쳐 4cm 길이로 채썬다.
❾ 준비한 재료를 초간장으로 무쳐 그릇에 담고 황백지단을 고명으로 올린다.

Point

- 통조림 죽순이 지급되는 경우는 데쳐서 석회부분을 깨끗이 제거한 후 사용한다.
- 생죽순은 뾰족한 쪽의 끝을 5cm 정도 어슷하게 자르고 길이로 칼집을 한 군데 넣어 냄비에 쌀뜨물과 마른 고추를 한데 넣고 1시간 정도 삶아서 그대로 식힌다.
- 죽순채, 미나리, 숙주를 요구사항에 맞게 썰어 참기름, 소금으로 양념하면 초간장으로 무칠 때 물기가 덜 생기고 간도 잘 맞아서 좋다.
- 미나리는 미리 무치면 색이 변하므로 내기 직전에 무쳐 담는다.

Memo

월과채

시험시간
30분

♣ 어알탕, 홍합초, 제육구이, 오이선과 함께 출제됨
(과년도 : 2008.10.2, 2010.9.17)

요구사항

주어진 재료를 사용하여 다음과 같이 월과채를 만드시오.

❶ 모든 재료를 가볍게 버무려 잣가루를 뿌려 제출하시오.

※ 시험장에 따라 요구사항과 지급재료 목록에 변동이 있을 수 있으니 주의하시오.

지급재료 목록

• 애호박 1/2개 • 쇠고기 50g • 느타리버섯 40g • 달걀 1개 • 표고버섯 3장 • 찹쌀가루 100g • 밀가루 10g • 후춧가루 2g • 간장 30㎖ • 소금 10g • 설탕 15g • 대파 1대 • 마늘 1톨

양념 비율

• 고기(간장)양념 : 간장 1ts, 설탕 1/2ts, 다진 파 · 다진 마늘 · 깨소금 · 참기름 · 후춧가루 약간

만드는 법

❶ 호박은 눈썹모양으로 썰어서 소금에 살짝 절여 물기를 제거한다.
❷ 쇠고기는 채썰고, 표고도 채썰어서 고기양념하고, 느타리버섯은 데쳐서 찢은 다음 소금과 참기름에 양념을 한다.
❸ 황백지단을 부쳐서 호박과 같은 크기로 썬다.
❹ 찹쌀가루에 밀가루와 소금을 약간 넣어 걸쭉하게 푼 후 달군 팬에 식용유를 두르고 얇게 전병을 부쳐 식으면 애호박 크기로 썬다.
❺ 팬에 식용유를 두르고 호박, 버섯, 쇠고기 순으로 각각 볶아내어 식힌다.
❻ 모든 재료를 고루 섞어 깨소금과 참기름을 넣어 골고루 무쳐낸다.
❼ 잣가루를 뿌려 낸다.

Point

• 전병을 부칠 때 식용유를 조금 두르고 굽듯이 구워야 하고, 식은 뒤에 썰어야 잘 썰린다.
• 전병을 2cm 원형으로 부쳐도 된다.
• 쇠고기는 다져서 사용하여도 좋다.
• 시험에서는 요구사항에 따라 모든 재료를 0.3×0.3×5cm 정도 크기로 썬다.
• 월과채는 애호박을 초승달 모양으로 잘라서 잡채처럼 만든 음식이라 붙여진 이름이다.

Memo

탕평채

시험시간
35분

♣ 두부조림, 오이숙장아찌, 깻잎전, 파강회와 함께 출제됨
(과년도 : 2001.11.5, 2005.9.27)

요구사항

주어진 재료를 사용하여 다음과 같이 탕평채를 만드시오.

❶ 청포묵의 크기는 0.4×0.4×6cm로 하시오.
❷ 모든 부재료의 길이는 4~5cm로 하시오. (단, 지급된 재료의 크기에 따라 가감한다.)
❸ 쇠고기, 미나리, 숙주와 청포묵은 초간장으로 무쳐서 담는다.
❹ 황백지단은 4cm 길이로 채썰고, 김은 구워 부셔서 고명으로 얹어내시오.
※ 시험장에 따라 요구사항과 지급재료 목록에 변동이 있을 수 있으니 주의하시오.

지급재료 목록

• 청포묵(중(길이 6cm)) 150g • 쇠고기(살코기) 20g(길이 5cm) • 숙주(생것) 20g • 미나리(줄기부분) 10g • 달걀 1개
• 김 1/4장 • 진간장 20㎖ • 마늘(중(깐 것)) 2쪽 • 대파(흰부분(4cm 정도)) 1토막 • 검은후춧가루 1g • 참기름 5㎖
• 백설탕 5g • 깨소금 5g • 식초 5㎖ • 소금(정제염) 5g • 식용유 10㎖

양념 비율

- 고기(간장)양념 : 간장 1ts, 설탕 1/2ts, 다진 파 · 다진 마늘 · 깨소금 · 참기름 · 후춧가루 약간
- 초간장 : 식초 1작은술, 간장 1큰술, 설탕 1작은술

만드는 법

❶ 냄비에 물을 끓인다.
❷ 숙주는 머리, 꼬리 떼고 소금물에 데쳐서 참기름, 소금에 무쳐 놓는다.
❸ 미나리는 뿌리와 잎을 떼어 소금물에 데쳐서 4cm 길이로 잘라 참기름, 소금에 무쳐 놓는다.
❹ 청포묵은 0.4×0.4×6cm로 썰어 참기름, 소금에 무쳐 놓는다.
❺ 파, 마늘은 곱게 다져서 고기양념을 만든다.
❻ 쇠고기는 채썰어 양념해 놓는다.
❼ 달걀은 황백으로 나누어 지단을 부쳐 4cm 길이로 채썰고 김은 살짝 구워서 부순다.
❽ 준비한 재료를 초간장으로 무쳐 그릇에 담고 김과 황백 지단을 고명으로 올린다.

Point

- 청포묵을 일정하게 썰 때 칼날에 물기가 있으면 들러붙지 않아 썰기가 쉽고, 굳은 것은 썰어서 끓는 물에 데쳐 사용하면 부드럽게 된다.
- 묵 채, 미나리, 숙주를 요구사항에 맞게 썰어 참기름, 소금으로 양념하면 초간장으로 무칠 때 물기가 덜 생기고 간도 잘 맞아서 좋다.
- 미나리는 미리 무치면 색이 변하므로 내기 직전에 무쳐 담는다.

Memo

잡채

시험시간
35분

- 콩나물밥, 두부선, 장김치, 너비아니와 함께 출제됨(**과년도 : 2003.10.7, 2006.10.12, 2011.5.8**)
- 사슬적, 매자과, 두부전골, 무생채와 함께 출제됨(**과년도 : 2011.5.10**)
- 장국죽, 제육구이, 장김치, 양동구리와 함께 출제됨(**과년도 : 2007.10.12, 2011.5.9**)

요구사항

주어진 재료를 사용하여 다음과 같이 잡채를 만드시오.

❶ 쇠고기, 양파, 오이, 당근, 도라지, 표고버섯은 0.3×0.3×6cm 크기로 만드시오. (단, 지급된 재료의 크기에 따라 가감한다.)

❷ 숙주는 데치고 목이버섯은 찢어서 사용하시오.

❸ 황백지단은 0.2×0.2×4cm 크기로 채썰어 고명으로 얹으시오.

※ 시험장에 따라 요구사항과 지급재료 목록에 변동이 있을 수 있으니 주의하시오.

지급재료 목록

- 당면 20g • 쇠고기(살코기) 30g(길이 7cm) • 건표고버섯(지름 5cm 정도, 물에 불린 것) 1개(부서지지 않은 것)
- 건목이버섯(지름 5cm 정도, 물에 불린 것) 2개 • 양파 50g • 오이(가늘고 곧은 것(20cm 정도)) 1/3개
- 당근(길이 7cm 정도(중, 곧은 것)) 50g • 통도라지(껍질 있는 것, 길이 20cm 정도) 1개 • 숙주(생것) 20g
- 백설탕 10g • 대파(흰부분(4cm 정도)) 1토막 • 마늘(중(깐 것)) 2쪽 • 진간장 20㎖ • 식용유 50㎖ • 깨소금 5g
- 검은후춧가루 1g • 참기름 5㎖ • 소금(정제염) 15g • 달걀 1개

양념 비율

- **고기(간장)양념** : 간장 1큰술, 설탕 1/2큰술, 다진 파 · 다진 마늘 적당량, 깨소금 1/2작은술, 참기름 1/2작은술, 후춧가루 약간
- **당면양념** : 설탕, 간장, 참기름

만드는 법

❶ 냄비에 물을 끓인다.
❷ 도라지는 0.3×0.3×6cm 크기로 썰어 소금으로 주물러 쓴맛을 우려낸 후 물기를 짠다.
❸ 오이는 소금으로 문질러 씻어 6cm 길이로 돌려깎아 0.3cm 두께로 채썰어 소금에 살짝 절인 뒤 물기를 짠다.
❹ 숙주는 거두절미하여 끓는 물에 데쳐서 참기름, 소금에 무친다.
❺ 양파, 당근은 0.3×0.3×6cm 크기로 썰어 놓는다.
❻ 파, 마늘은 곱게 다져 고기양념장을 만든다.
❼ 쇠고기, 표고버섯은 0.3×0.3×6cm 크기로 썰어 양념하고, 목이버섯은 불려서 찢어 양념한다.
❽ 달걀은 황백으로 나누어 소금간을 하여 잘 풀어 놓는다.
❾ 당면은 끓는 물에 삶아 물기를 뺀 후 짧게 잘라서 설탕, 간장, 참기름에 무쳐 놓는다.
❿ 팬에 기름을 두르고 황백지단, 도라지, 오이, 당근, 버섯, 쇠고기 순으로 볶아 넓은 그릇에 펼쳐 식힌다.
⓫ 볶아 놓은 재료와 당면을 한데 합하여 설탕, 간장, 참기름, 깨소금으로 고루 버무려 맛을 낸다.
⓬ 그릇에 잡채를 담고 황백지단채를 고명으로 얹는다.

Point

- 목이버섯과 숙주를 제외한 모든 재료는 0.3×0.3×6cm로 채썰어 따로 볶아 식혔다가 밑간해 놓은 당면과 함께 버무려낸다.
- 재료를 팬에 볶을 때는 깨끗한 것부터 볶아야 깔끔하다.
- 당면을 삶아 물에 헹구지 않고 바로 참기름으로 발라둔 후 밑간하면 퍼지지 않아 좋다.

삼색 밀쌈

시험시간 **40분**

✤ 호박죽, 나박김치, 도라지생채, 대합찜과 함께 출제됨
(과년도 : 2001.11.5, 2003.10.6)

요구사항

주어진 재료를 사용하여 다음과 같이 삼색밀쌈을 만드시오.

❶ 삼색밀쌈은 2×4cm 크기로 하여 각 색상별로 3개씩 겨자 초간장을 곁들여 제출하시오.

※ 시험장에 따라 요구사항과 지급재료 목록에 변동이 있을 수 있으니 주의하시오.

지급재료 목록

• 밀가루 3컵 • 쇠고기 50g • 당근(길이 7cm 정도, 곧은 것) 50g • 건표고버섯(지름 5cm 정도, 물에 불린 것) 2개(부서지지 않은 것) • 오이(가늘고 곧은 것(20cm 정도)) 1/3개 • 백설탕 15g • 시금치 50g • 소금(정제염) 10g • 죽순 30g • 홍고추 1개(홍피망) • 진간장 20㎖ • 참기름 5㎖ • 설탕 10g

양념 비율

- 고기(간장)양념 : 간장 1ts, 설탕 1/2ts, 다진 파 · 다진 마늘 · 깨소금 · 참기름 · 후춧가루 약간
- 겨자초간장 : 발효된 겨자 1작은술, 식초 1큰술, 간장 1큰술, 설탕 1작은술

만드는 법

❶ 밀가루에 소금과 물, 당근즙, 시금치즙을 만들어 반죽하여 세 가지 색으로 만든다.
❷ 오이는 돌려깎기하여 채썬 후 소금에 절여서 볶는다.
❸ 쇠고기는 결대로 채썰고, 불린 표고버섯은 곱게 채썰어 고기양념하여 볶는다.
❹ 당근, 죽순, 홍고추는 채썰어 볶는다.
❺ 프라이팬에 세 가지 색의 밀전병을 얇게 부친다.
❻ 밀전병에 준비한 소를 가지런히 놓고 지름이 2cm 되도록 단단하게 말아 4cm 길이로 썬다.
❼ 겨자는 발효시켜 겨자초간장을 만든다.
❽ 접시에 밀쌈을 보기 좋게 담고 겨자초간장을 곁들여 낸다.

Point

- 밀전병은 부칠 때 물에 밀가루를 섞어 개어서 바로 부치는 것보다 30분 정도 두었다가 조리하면 밀가루가 충분히 숙성되어 끈기와 탄력성이 증가되므로 부쳤을 때 훨씬 더 쫄깃하다.
- 밀쌈은 가능한 한 속재료가 보일 정도로 얇게 부치면 맛이 더 담백해진다.

Memo

칠절판

시험시간 **40분**

- 무숙장아찌, 미나리강회, 장산적, 율란 & 조란과 함께 출제됨(**과년도 : 2004.9.22, 2007.10.11, 2009.4.24, 2010.9.18)**
- 풋고추전, 더덕생채, 연근조림, 뱅어포구이와 함께 출제됨(**과년도 : 2008.10.6, 2010.9.17)**

요구사항

주어진 재료를 사용하여 다음과 같이 칠절판을 만드시오.

❶ 밀전병은 직경 6cm가 되도록 6개를 만드시오.

❷ 채소와 황백지단, 쇠고기는 0.2×0.2×5cm 정도의 크기로 채를 써시오.

❸ 석이버섯은 곱게 채를 써시오.

※ 시험장에 따라 요구사항과 지급재료 목록에 변동이 있을 수 있으니 주의하시오.

지급재료 목록

• 쇠고기(살코기) 50g(길이 6cm) • 오이(가늘고 곧은 것(20cm 정도)) 1/2개 • 당근(길이 7cm 정도(중, 곧은 것)) 50g • 달걀 1개 • 석이버섯(부서지지 않은 것(마른 것)) 15g(잎이 넓은 것 3~5장) • 밀가루(중력분) 50g • 진간장 20㎖ • 마늘(중(깐 것)) 2쪽 • 대파(흰부분(4cm 정도)) 1토막 • 검은후춧가루 1g • 참기름 10㎖ • 백설탕 10g • 깨소금 5g • 식용유 30㎖ • 소금(정제염) 10g

양념 비율

- **밀전병** : 밀가루 5큰술, 물 6큰술, 소금 약간
- **고기양념** : 간장 1ts, 설탕 1/2ts, 다진 파 · 다진 마늘 · 깨소금 · 참기름 · 후춧가루 약간
- **석이버섯** : 참기름, 소금

만드는 법

❶ 석이버섯은 따뜻한 물에 불려 손질하고 돌돌 말아 채썬 뒤 참기름, 소금으로 무쳐 놓는다.
❷ 오이는 소금으로 문질러 씻어 5cm 길이로 잘라 돌려깎기하여 0.2cm 두께로 채썰어 소금에 절였다가 물기를 짠다.
❸ 당근은 0.2×0.2×5cm로 채썬다.
❹ 파, 마늘은 곱게 다져서 고기양념장을 만든다.
❺ 쇠고기는 0.2×0.2×5cm로 채썰어 양념해 놓는다.
❻ 달걀은 황백으로 나누어 소금간하여 부드럽게 풀어 거품을 제거한다.
❼ 밀전병은 밀가루 5큰술, 물 6큰술, 소금을 약간 넣어 멍울 없이 풀어서 한 번 체에 내린다.
❽ 팬에 기름을 두르고 밀전병, 황백지단, 오이, 당근, 쇠고기, 석이버섯을 볶아 그릇에 펼쳐서 식힌다.
❾ 그릇 가운데 밀전병을 담고 6가지 재료를 색 맞추어 돌려 담는다.

Point

- 밀전병은 밀가루에 물을 넣어 멍울 없이 잘 풀어 다시 한 번 체에 내려줘야 결이 없이 깔끔하게 된다.
- 밀전병은 체친 밀가루와 물은 동량이나, 그냥 밀가루를 사용할 경우 물을 1큰술 더 넣어야 농도가 맞는다.
- 재료를 팬에서 볶을 때는 깨끗한 재료부터 볶거나 지진다.

Memo

구절판

시험시간
45분

✤ 편수, 깻잎전, 알찜, 오이생채와 함께 출제됨
(과년도 : 2007.10.13)

요구사항

주어진 재료를 사용하여 다음과 같이 구절판을 만드시오.

❶ 구절판의 밀전병은 지름 6cm로 8개 만들고 채소, 고기, 지단의 크기는 0.2×0.2×5cm로 곱게 채썰어 완성하여 제출하시오.

※ 시험장에 따라 요구사항과 지급재료 목록에 변동이 있을 수 있으니 주의하시오.

지급재료 목록

- 쇠고기(살코기(길이 6cm)) 50g • 오이(가늘고 곧은 것(20cm 정도)) 1/2개 • 당근(길이 7cm 정도(중, 곧은 것)) 50g
- 달걀 1개 • 석이버섯(부서지지 않은 것(마른 것), 잎이 넓은 것 3~5장) 15g • 밀가루(중력분) 50g • 진간장 20㎖
- 마늘(중(깐 것)) 2쪽 • 대파(흰부분(4cm 정도)) 1토막 • 검은후춧가루 1g • 참기름 10㎖ • 백설탕 10g • 깨소금 5g
- 식용유 30㎖ • 소금(정제염) 10g • 숙주 50g • 표고 3장

양념 비율

- 밀전병 : 체에 내려준 밀가루와 물은 동량
- 간장양념(고기양념) : 간장 1ts, 설탕 1/2ts, 다진 파 · 다진 마늘 · 깨소금 · 참기름 · 후춧가루 약간
- 숙주, 석이버섯 : 참기름, 소금

만드는 법

❶ 숙주는 거두절미하여 끓는 물에 데쳐서 찬물에 담갔다가 물기를 제거하고 소금, 참기름에 양념한다.

❷ 오이는 돌려깎기하여 가늘게 채썬 다음 소금에 절여서 물기를 제거하고 볶아 식힌다.

❸ 쇠고기는 결 따라서 길이로 가늘게 채썰고, 표고는 불려서 기둥을 떼어내고 얇게 저민 다음에 곱게 채썰어 각각 양념하여 볶는다.

❹ 석이버섯은 불린 후 손으로 비벼서 안쪽의 이끼를 깨끗이 없애고 겹쳐서 말아 가늘게 채썬 후 소금, 참기름으로 양념하여 볶는다.

❺ 당근은 채썰어 프라이팬에 기름을 두르고 소금간하여 볶는다.

❻ 달걀은 황백으로 나누어 소금을 약간 넣어 잘 풀어서 지단을 얇게 부쳐 가늘게 채썬다.

❼ 밀가루에 소금을 넣고 동량의 물과 함께 잘 풀어 체에 거른다. 프라이팬에 기름을 두르고 반죽을 한 큰술씩 떠서 직경 6cm 크기의 원형으로 얇게 부친다. 뒤집어서 뒷면도 살짝 익힌 후 식혀서 완성그릇 가운데 가지런히 담는다.

❽ 밀전병 담는 그릇에 준비한 여덟 가지를 같은 색끼리 마주보도록 가지런히 담고, 초간장과 겨자장을 곁들여 낸다.

Point

- 밀전병은 부칠 때 물에 밀가루를 섞어 개어서 바로 부치는 것보다 30분 두었다가 조리하면 밀가루가 충분히 숙성되어 끈기와 탄력성이 증가되므로 부쳤을 때 훨씬 더 쫄깃하다.

Korean Traditional Food

한식조리산업기사 실기

Part 8 회 · 숙회

육회

시험시간
20분

✤ 화전, 수정과, 북어보푸라기, 해물된장국과 함께 출제됨
(과년도 : 2002.10.3, 2008.10.2)
✤ 오이생채, 더덕구이, 새우전, 갈비찜과 함께 출제됨
(과년도 : 2005.9.26)

요구사항

주어진 재료를 사용하여 다음과 같이 육회를 만드시오.

❶ 쇠고기는 폭 0.3cm, 두께 0.3cm로 곱게 채썰고 소금양념으로 하시오.
❷ 마늘은 편으로 썰어 장식하고 잣가루를 고명으로 한다.
❸ 70g 이상의 완성된 육회를 제출하시오.
※ 시험장에 따라 요구사항과 지급재료 목록에 변동이 있을 수 있으니 주의하시오.

지급재료 목록

• 쇠고기(살코기) 90g • 배(중) 1/4개(100g 정도 지급) • 잣(깐 것) 5개 • 소금(정제염) 5g • 마늘(중(깐 것)) 5쪽 • 대파(흰부분(4cm 정도)) 2토막 • 검은후춧가루 2g • 참기름 10㎖ • 백설탕 30g • 깨소금 5g • A4용지 1장

양념 비율

- **연육양념** : 설탕 1큰술, 참기름 2작은술
- **갖은 양념** : 다진 마늘 1큰술, 다진 파 1/2큰술, 소금 1/2작은술, 깨소금 1작은술, 검은후춧가루 약간

만드는 법

❶ 쇠고기는 기름기를 제거하고 결 반대로 0.3×0.3cm로 채썰어 핏물을 제거한 후 참기름, 설탕에 버무려둔다.
❷ 마늘 3톨은 편으로 납작하게 썰어 놓고 나머지 2톨은 곱게 다지고, 다진 파와 함께 갖은 양념장을 만든다.
❸ 잣은 A4용지에 다져서 잣가루를 만들어 놓는다.
❹ 배는 두께와 폭을 일정하게 채썰어 설탕물에 담근다.
❺ 준비된 양념장에 고기를 무친다.
❻ 그릇 가장자리에 채썬 배를 돌려 담고 가운데 양념한 쇠고기를 소복이 담은 후 마늘 편을 돌리고 잣가루를 고명으로 얹는다.

Point

- 생으로 먹는 고기이므로 특히 조리기구가 청결해야 한다. 가끔씩 위생상태가 불량하여 실격되는 사례도 있다.
- 육회는 썰어서 바로 참기름과 설탕에 무쳐 놓으면 고기색이 변하지 않고 부드럽게 연육작용을 한다.
- 잣은 젖은 면보로 닦은 후 잣눈을 제거하고, A4용지를 깔고 칼로 눌러서 기름을 제거한 뒤 칼로 곱게 다져서 잣가루를 만들어 사용한다.
- 배는 갈변방지를 위해 소금물이나 설탕물에 담갔다가 사용한다.

Memo

미나리 강회

시험시간 **35분**

- 화전, 수란, 사슬적, 도라지정과와 함께 출제됨 **(과년도 : 2001.11.6)**
- 무생채, 오징어볶음, 옥수수전, 연근조림과 함께 출제됨**(과년도 : 2004.9.21, 2006.10.10, 2009.4.24)**
- 칠절판, 무숙장아찌, 장산적, 율란 & 조란과 함께 출제됨**(과년도 : 2004.9.22, 2007.10.12, 2009.4.24, 2010.9.18)**

요구사항

주어진 재료를 사용하여 다음과 같이 미나리강회를 만드시오.

❶ 강회의 폭은 1.5cm, 길이는 5cm 정도로 하시오.
❷ 붉은 고추의 폭은 0.5cm, 길이는 4cm로 하시오.
❸ 강회는 8개 제출하고 초고추장을 곁들이시오.
※ 시험장에 따라 요구사항과 지급재료 목록에 변동이 있을 수 있으니 주의하시오.

지급재료 목록

• 쇠고기(살코기(길이 7cm)) 80g • 미나리(줄기부분) 30g • 홍고추(생) 1개 • 달걀 2개 • 고추장 15g • 식초 5㎖ • 백설탕 5g • 소금(정제염) 5g • 식용유 10㎖

양념 비율

• 초고추장 : 고추장 1작은술, 식초 1작은술, 설탕 1/2작은술

만드는 법

❶ 냄비에 물을 끓인다.
❷ 미나리는 뿌리와 잎을 제거하고 끓는 물에 소금을 넣고 데쳐서 찬물에 식혀 물기를 닦고 길게 두 갈래로 찢어 놓는다.
❸ 쇠고기는 끓는 물에 덩어리째 삶아 식은 뒤 폭 1.5cm, 길이 5cm로 썰어 놓는다.
❹ 홍고추는 반으로 갈라 씨를 빼고 폭 0.5cm, 길이 4cm로 썰어 놓는다.
❺ 달걀은 황백으로 나누어 지단을 부쳐 폭 1.5cm, 길이 5cm로 썰어 놓는다.
❻ 고기편육, 백지단, 황지단, 홍고추를 차례대로 놓고 미나리로 가운데를 돌려 감고 미나리 끝부분은 편육 뒤쪽으로 넣어준다.
❼ 초고추장을 만들어 종지에 담아 낸다.

Point

• 미나리강회는 주재료가 미나리이므로 가운데에 감을 때 미나리를 충분히 감아주는 것이 좋다.
• 미나리는 두 갈래로 찢어 감아야 모양이 반듯하고 예쁘다.
• 편육은 삶아서 식은 후에 썰어야 부서지지 않는다.

Memo

파강회

시험시간 **35분**

✤ 두부조림, 탕평채, 오이숙장아찌, 깻잎전과 함께 출제됨
(과년도 : 2001.11.5, 2005.9.27)

요구사항

주어진 재료를 사용하여 다음과 같이 파강회를 만드시오.

❶ 재료를 0.3×0.3×4cm 크기로 준비하여, 말아서 9개를 제출하시오.
❷ 초고추장을 만들어 제출하시오.
※ 시험장에 따라 요구사항과 지급재료 목록에 변동이 있을 수 있으니 주의하시오.

지급재료 목록

- 쇠고기(살코기(길이 7cm)) 80g • 쪽파 50g • 홍고추(생) 1개 • 달걀 1개 • 고추장 15g • 식초 5㎖ • 백설탕 5g
- 소금(정제염) 5g • 식용유 10㎖

양념 비율

- 초고추장 : 고추장 1작은술, 식초 1작은술, 설탕 1/2작은술

만드는 법

❶ 냄비에 물을 끓인다.
❷ 쪽파는 다듬어 씻어 끓는 물에 소금을 넣고 데쳐서 찬 물에 식혀 물기를 닦고 길게 두 갈래로 찢어 놓는다.
❸ 쇠고기는 끓는 물에 덩어리째 삶아 식은 뒤 폭 0.3cm, 길이 4cm로 썰어 놓는다.
❹ 홍고추는 반으로 갈라 씨를 빼고 폭 0.3cm, 길이 4cm로 썰어 놓는다.
❺ 달걀은 황백으로 나누어 지단을 부쳐 폭 0.3cm, 길이 4cm로 썰어 놓는다.
❻ 고기편육, 백지단, 황지단, 홍고추를 차례대로 보기 좋게 세워서 말아준다.
❼ 초고추장을 만들어 종지에 담아 낸다.

Point

- 파강회는 주재료가 파이므로 가운데에 감을 때 파를 충분히 감아주는 것이 좋다.
- 쪽파는 두 갈래로 찢어 감아야 모양이 반듯하고 예쁘다.
- 편육은 삶아서 식은 후에 썰어야 부서지지 않는다.

Memo

어채

시험시간
40분

⚜ 만둣국, 깍두기, 장떡, 오이선과 함께 출제됨
(과년도 : 2002.10.3, 2006.10.10, 2010.9.16)

요구사항

주어진 재료를 사용하여 다음과 같이 어채를 만드시오.

❶ 어채의 재료는 폭 2cm, 길이 4cm 크기로 썬다.
❷ 모든 재료를 접시에 담아 낸다.
❸ 초고추장은 잣가루를 뿌려 제출하시오.
※ 시험장에 따라 요구사항과 지급재료 목록에 변동이 있을 수 있으니 주의하시오.

지급재료 목록

• 동태(400g 정도) 1/2마리 • 오이 1/2개 • 달걀 1개 • 홍고추 2개 • 표고버섯 2장 • 석이버섯 3장 • 소금 5g
• 흰후춧가루 2g • 녹말가루 50g • 생강 1톨 • 고추장 20g • 설탕 10g • 식초 15㎖ • 잣 5알 • 마늘 2톨

양념 비율

• **생선살** : 생강즙, 소금, 흰후춧가루
• **초고추장** : 고추장 1큰술, 식초 1큰술, 설탕 1/2큰술, 생강즙 약간, 마늘즙 1/2작은술, 잣가루 1/2작은술

만드는 법

❶ 생선은 손질하여 0.7cm 정도의 두께로 포를 떠서 가로 6cm, 세로 2.5cm 정도의 크기로 썰어서 생강즙, 소금, 흰후춧가루를 뿌린다.
❷ 오이는 소금으로 문질러 씻어 돌려깎기하여 껍질부분을 2×4cm 크기로 썬다.
❸ 홍고추는 반 갈라 씨를 빼고 2×4cm 크기로 썬다.
❹ 표고버섯과 석이버섯도 손질하여 2×4cm 크기로 썬다.
❺ 달걀은 황백으로 나누어 지단을 도톰하게 부쳐서 2×4cm 크기로 썬다.
❻ 생선, 오이, 홍고추, 표고버섯, 석이버섯에 녹말가루를 묻혀 수분이 완전히 흡수되도록 잠시 둔다.
❼ 물이 끓으면 소금을 넣어 ⑥의 재료를 살짝 익힌 다음 찬물에 헹구기를 2~3번 반복한다.
❽ 접시에 채소와 생선살, 지단을 색깔을 맞추어 돌려 담고 가운데에 생선을 놓고 초고추장을 만들어 잣가루를 뿌려서 곁들인다.

Point

• 끓는 물에 생선을 한꺼번에 많이 넣으면 온도가 갑자기 내려가서 속까지 잘 익지 않으므로 주의한다.
• 생선살은 많이 익히면 부서지므로 한 번만 익혀낸다.
• 전분을 묻힌 후 수분을 충분히 흡수한 후에 익혀야 고르게 잘 익으며 2~3번 반복하면 더욱 부드럽다.
• 채소의 색깔이 변하지 않도록 재빨리 찬물에 담가 식힌다.

Memo

Korean Traditional Food

한식조리산업기사 실기

Part 9
마른 찬

북어보푸라기

시험시간
20분

- 무나물, 감자조림, 너비아니, 풋고추전과 함께 출제됨**(과년도 : 2000.10.14)**
- 표고전, 잡채, 두부선, 애탕과 함께 출제됨**(과년도 : 2001.11.6)**
- 화전, 수정과, 육회, 해물된장국과 함께 출제됨 **(과년도 : 2002.10.3, 2008.10.2)**
- 나박김치, 장국죽, 매듭자반, 명란찌개와 함께 출제됨**(과년도 : 2003.10.6, 2006.10.12, 2011.5.10)**
- 완자탕, 오이숙장아찌, 호두조림, 두부조림과 함께 출제됨**(과년도 : 2009.4.25)**

요구사항

주어진 재료를 사용하여 다음과 같이 북어보푸라기를 만드시오.

❶ 북어보푸라기는 소금, 간장, 고춧가루로 양념하시오. (단, 고추기름은 사용하지 마시오.)

❷ 북어보푸라기는 삼색의 구분이 뚜렷하게 하시오.

※ 시험장에 따라 요구사항과 지급재료 목록에 변동이 있을 수 있으니 주의하시오.

지급재료 목록

• 북어포(반을 갈라 말린 껍질이 있는 것(40g)) 1마리 • 소금(정제염) 5g • 진간장 5㎖ • 백설탕 10g • 참기름 15㎖
• 깨소금 5g • 고춧가루(고운 것) 10g

양념 비율

• 공통 양념 : 설탕 2작은술, 참기름 2작은술, 깨소금 2작은술
• 고운 고춧가루는 색깔 보면서 넣어주기
• 간장도 색깔 보면서 넣어주기

만드는 법

❶ 북어포는 머리와 꼬리를 떼고 뼈와 가시는 발라내고 젖은 면보에 잠시 쌓아둔 다음 강판에 부드럽게 갈아 보푸라기를 만든다.
❷ 강판에 간 북어보푸라기는 우선 설탕, 깨소금, 참기름으로 양념한다.
❸ 공통 양념된 보푸라기는 3등분하여 소금을 넣고 보슬보슬하게 만들어 그릇에 담는다.
❹ 다른 북어보푸라기는 소금과 고운 고춧가루를 넣어 비벼 무쳐 보슬보슬하게 만들어 그릇에 담는다.
❺ 마지막 북어보푸라기는 간장으로 양념하여 보슬보슬하게 만들어 그릇에 담는다.
❻ 삼색의 북어보푸라기를 그릇에 보기 좋게 담는다.

Point

• 북어포가 바짝 마른 것은 잠시 젖은 면보에 쌓았다가 사용하면 부드럽게 강판에 갈 수 있다.
• 고춧가루는 체에 한 번 내려 고운 고춧가루를 사용하고 무칠 때는 뭉치지 않도록 잘 비빈다.
• 간장이 들어가는 북어보푸라기는 자칫 질어지기 쉬우므로 조금씩 넣어서 색을 낸다.

Memo

다시마 매듭자반

시험시간
20분

✤ 북어보푸라기, 나박김치, 장국죽, 명란찌개와 함께 출제됨
(과년도 : 2003.10.6, 2006.10.12, 2011.5.10)

요구사항

주어진 재료를 사용하여 다음과 같이 다시마매듭자반을 만드시오.

❶ 다시마는 폭 1cm, 길이 10cm 크기로 잘라 곱게 튀겨 제시된 재료 전량을 제출하시오.

※ 시험장에 따라 요구사항과 지급재료 목록에 변동이 있을 수 있으니 주의하시오.

지급재료 목록

• 다시마 20cm • 잣 10g • 설탕 10g • 식용유 400㎖ • 통후추 10g

만드는 법

❶ 다시마를 물기를 꼭 짠 젖은 면보로 닦은 다음 1cm 폭, 10cm 길이의 긴 끈 모양으로 썬다.
❷ 썬 다시마를 한 가닥씩 매듭을 묶고 삼각진 매듭에 잣과 통후추를 한 알씩 넣어 빠지지 않게 당긴다.
❸ 150℃의 식용유에 바삭하게 튀겨 여분의 기름을 빼고 설탕을 고루 뿌려서 그릇에 담는다.

Point

• 다시마의 두께가 다르면 튀겨지는 온도가 다르므로 가는 것은 가는 것대로, 두꺼운 것은 두꺼운 것끼리 튀겨야 고르게 잘 튀겨진다.
• 다시마가 너무 딱딱하게 건조된 것은 잘 부서지므로, 젖은 면보에 쌓았다가 사용하면 덜 부서져서 좋다.
• 다시마와 잣과 통후추가 어울려 고소하고 매운맛을 낸다.

Memo

멸치볶음

시험시간 **20분**

✤ 알찜, 오이소박이, 호박전, 규아상과 함께 출제됨
(과년도 : 2003.10.6)

요구사항

주어진 재료를 사용하여 다음과 같이 멸치볶음을 만드시오.

❶ 양념이 골고루 묻어 있어야 하고 서로 엉기지 않도록 완성하여 제출하시오.

※ 시험장에 따라 요구사항과 지급재료 목록에 변동이 있을 수 있으니 주의하시오.

지급재료 목록

• 잔멸치 200g • 실고추 5g • 물엿 20g • 식용유 15㎖ • 간장 30㎖ • 설탕 20g • 생강 1톨 • 대파 1개 • 마늘 1톨 • 참기름 5㎖ • 통깨 2g

양념 비율

• 조림장 : 간장 1큰술, 설탕 1/2큰술, 물 1큰술, 물엿 1큰술

만드는 법

❶ 멸치는 티를 골라내고 달군 프라이팬에 식용유를 두르지 않고 볶는다.

❷ 프라이팬에 식용유를 두르고 다진 마늘, 다진 파, 다진 생강을 볶다가 볶아 놓은 잔멸치를 재빨리 바삭하게 볶는다.

❸ 프라이팬에 양념장을 넣고 끓으면 볶아낸 멸치를 넣어 뒤적이다가 물엿을 넣어 고루 섞고 통깨, 실고추, 참기름을 넣어 마무리한다.

Point

• 멸치볶음을 할 때 고추장과 고춧가루를 넣고 볶는 경우도 있다.

• 중멸치는 머리와 내장을 빼고 조린다.

• 홍 · 풋고추가 지급되는 경우도 있다. 다지거나 어슷하게 썰어서 사용한다.

Memo

Korean Traditional Food

한식조리산업기사 실기

Part 10 장아찌 · 김치

오이숙장아찌

시험시간 **25분**

- 두부조림, 탕평채, 깻잎전, 파강회와 함께 출제됨(**과년도 : 2001.11.5, 2005.9.27**)
- 섭산삼, 두부조림, 호박죽, 오이생채와 함께 출제됨(**과년도 : 2007.10.14**)
- 완자탕, 북어보푸라기, 호두조림, 두부선과 함께 출제됨(**과년도 : 2009.4.25**)

요구사항

주어진 재료를 사용하여 다음과 같이 오이숙장아찌를 만드시오.

❶ 오이의 폭과 두께는 0.5×0.5×5cm로 하시오.
❷ 쇠고기의 폭과 두께는 0.3×0.3×4cm로 채써시오.
❸ 표고버섯의 폭은 0.3cm, 길이는 4cm로 하시오. (단, 지급된 재료의 크기에 따라 가감한다.)
❹ 완성된 오이숙장아찌는 50g 이상 제출하시오.
※ 시험장에 따라 요구사항과 지급재료 목록에 변동이 있을 수 있으니 주의하시오.

지급재료 목록

• 오이(가늘고 곧은 것(20cm 정도)) 1/2개 • 건표고버섯(지름 5cm 정도, 물에 불린 것) 1개(부서지지 않은 것)
• 대파(흰부분(4cm 정도)) 1토막 • 마늘(중(깐 것)) 1쪽 • 쇠고기(살코기) 30g • 식용유 30㎖ • 소금(정제염) 5g
• 진간장 20㎖ • 깨소금 5g • 참기름 5㎖ • 백설탕 5g • 검은후춧가루 1g • 실고추 1g(길이 10cm 1~2줄기)

양념 비율

• 고기(간장)양념 : 간장 1ts, 설탕 1/2ts, 다진 파 · 다진 마늘 · 깨소금 · 참기름 · 후춧가루 약간

만드는 법

❶ 오이는 통째로 소금으로 깨끗이 문질러 씻어 길이 5cm로 토막내어 가운데 오이씨 부분으로 3등분하여 자르고 0.5×0.5cm 정도의 나무젓가락 모양으로 썰어 소금물에 절였다가 면보에 싸서 물기를 뺀다.
❷ 파, 마늘은 곱게 다져서 간장양념을 만들어 놓는다.
❸ 불려 나온 표고버섯은 기둥을 떼고 폭 0.3cm, 길이 4cm로 채썰어 양념하여 준비한다.
❹ 쇠고기는 0.3×0.3×4cm로 채썰어 양념하여 준비한다.
❺ 팬에 기름을 두르고 센 불에서 오이를 파랗게 재빨리 볶아내고 표고, 쇠고기도 각각 볶아낸다.
❻ ⑤에 실고추, 깨소금, 참기름을 넣어 가볍게 버무려 그릇에 담아 낸다.

Point

• 오이는 같은 크기로 썰어 씨 부분을 제거하고 소금에 절였다가 물기를 짤 때 힘을 많이 주면 오이의 색이 검게 변하므로 면보로 살짝 눌러 물기를 뺀다.
• 오이는 센 불에서 살짝 볶아 완전히 식은 후에 무쳐야 물기도 없고 색깔이 곱고 아삭거린다.

Memo

무숙 장아찌

시험시간 **25분**

♣ 칠절판, 미나리강회, 장산적, 율란 & 조란과 함께 출제됨
(과년도 : 2004.9.22, 2007.10.12, 2010.9.18)

요구사항

주어진 재료를 사용하여 다음과 같이 무숙장아찌를 만드시오.

❶ 무를 0.6×0.6×5cm 크기로 썰어 무숙장아찌를 만드시오.
❷ 쇠고기는 0.3×0.3×4cm로 채써시오.
❸ 미나리는 4cm 길이로 써시오.
❹ 완성품은 80g 이상 제출하시오.
※ 시험장에 따라 요구사항과 지급재료 목록에 변동이 있을 수 있으니 주의하시오.

지급재료 목록

• 무 100g(길이 6cm 정도) • 미나리(줄기부분) 20g • 대파(흰부분(4cm 정도)) 1토막 • 마늘(중(깐 것)) 1쪽
• 쇠고기(살코기) 30g • 식용유 30㎖ • 진간장 50㎖ • 깨소금 5g • 참기름 5㎖ • 백설탕 5g • 검은후춧가루 1g
• 실고추 1g(길이 10cm 1~2줄기)

양념 비율

• 고기(간장)양념 : 간장 1ts, 설탕 1/2ts, 다진 파 · 다진 마늘 · 깨소금 · 참기름 · 후춧가루 약간

만드는 법

❶ 무는 0.6×0.6×5cm 크기로 썰어 간장 3큰술에 절이고 가끔씩 뒤집어주면서 곱게 물들면 건져서 짠다.
❷ 파, 마늘은 곱게 다져 간장양념장을 만든다.
❸ 쇠고기는 0.3×0.3×4로 채썰어 양념해 둔다.
❹ 미나리는 뿌리와 잎은 따고 줄기만 4cm 길이로 썬다.
❺ 팬에 기름을 두르고 무를 볶으면서 간장물을 넣어 간과 색깔을 맞추어 볶다가 양념된 쇠고기, 미나리 순으로 볶아 접시에 펼쳐 식힌다.
❻ ⑤에 실고추, 깨소금, 참기름을 넣어 가볍게 버무려 그릇에 담아 낸다.

Point

• 갑장과는 일명 숙장아찌라고 하며, 무를 간장에 절인 후 쇠고기와 함께 볶아 만든 음식이다.
• 무의 크기와 길이가 일정해야 보기 좋고 간장물이 너무 진하게 들지 않는다.
• 미나리를 너무 오래 볶으면 미나리 색이 누렇게 되므로 살짝만 볶아 재빨리 접시에 펼쳐 식힌다.
• 숙장아찌이기 때문에 무가 익어야 하므로 충분히 볶아서 무를 익힌다. 가끔씩 실격의 경우가 있는데, 무가 설익어서 실격처리된 경우이다.

Memo

오이 소박이

시험시간 **20분**

- 알찜, 호박전, 멸치볶음, 규아상과 함께 출제됨 **(과년도 : 2003.10.6)**
- 느타리버섯나물, 더덕생채, 북어양념구이, 쇠고기장조림과 함께 출제됨**(과년도 : 2000.10.13, 2005.9.26)**
- 삼색경단, 어만두, 수란, 두부선과 함께 출제됨 **(과년도 : 2003.10.7, 2007.10.13, 2011.5.8)**

요구사항

주어진 재료를 사용하여 다음과 같이 오이소박이를 만드시오.

❶ 소박이 완성품의 길이는 6cm 정도로 하시오. (단, 지급된 재료의 크기에 따라 가감한다.)

❷ 소를 만들 때 부추의 길이는 0.5cm로 하시오.

❸ 오이소박이는 3개 제출하시오.

※ 시험장에 따라 요구사항과 지급재료 목록에 변동이 있을 수 있으니 주의하시오.

지급재료 목록

• 오이(가늘고 곧은 것(20cm 정도)) 1개 • 부추 20g • 대파(흰부분(4cm 정도)) 1토막 • 마늘(중(깐 것)) 1쪽 • 생강 5g • 소금(정제염) 15g • 고춧가루 10g

양념 비율

• **소의 양념** : 고춧가루 2큰술, 소금물 2큰술, 다진 마늘, 파, 생강, 부추

만드는 법

❶ 냄비에 물을 끓인다.
❷ 오이는 통째로 소금으로 깨끗이 문질러 씻어 길이 6cm로 토막내어 1cm씩 양끝을 남기고 열십자(+)로 칼집을 넣어 미지근한 소금물에 절인다.
❸ 파, 마늘, 생강은 곱게 다져서 고춧가루 양념장을 만든다.
❹ 부추는 다듬어 0.5cm 길이로 송송 썰어 고춧가루 양념장에 넣어서 가볍게 버무려 소를 만든다.
❺ 부드럽게 절인 오이의 물기를 짜고 칼집 사이에 소를 고루 채워 넣어 그릇에 담은 다음 소를 버무린 그릇에 물 2큰술과 소금을 약간 넣어 김칫국물을 만들어 소박이 위에 붓는다.

Point

• 오이소박이는 여름철에 별미김치로 젓갈이 들어가지 않는 경우가 많으며, 담백하고 아삭아삭하며 시원한 맛이 풍부하다.
• 오이는 충분히 절여져야 소를 넣을 때 끝이 갈라지지 않고 오이의 위아래를 손가락으로 꾹꾹 누르면 틈이 생겨 소 넣기도 좋다.
• 고춧가루에 물을 조금씩 넣어 갠 다음 부추는 마지막에 넣어 가볍게 섞어야 부추가 으깨지지 않고 풋내가 나지 않는다.

Memo

나박김치

시험시간 15분

- 밀쌈, 호박죽, 도라지생채, 대합찜과 함께 출제됨(**과년도 : 2001.11.5**)
- 시금치된장국, 장산적, 비빔밥, 오이생채와 함께 출제됨(**과년도 : 2002.10.6, 2008.10.7**)
- 무생채, 너비아니, 밀쌈, 삼치조림과 함께 출제됨(**과년도 : 2003.10.6**)
- 북어보푸라기, 장국죽, 매듭자반, 명란찌개와 함께 출제됨(**과년도 : 2003.10.6, 2006.10.12**)
- 두부젓국찌개, 생선전, 죽순채, 쇠고기장국과 함께 출제됨(**과년도 : 2005.9.27**)

요구사항

주어진 재료를 사용하여 다음과 같이 나박김치를 만드시오.

❶ 재료는 2.5×2.5×0.2cm의 일정한 크기로 써시오.

❷ 건더기의 양은 60g, 김칫국물의 양은 200㎖를 제출하시오.

※ 시험장에 따라 요구사항과 지급재료 목록에 변동이 있을 수 있으니 주의하시오.

지급재료 목록

• 배추 50g • 무 50g • 배 30g • 실파 1줄기 • 미나리 2줄기 • 실고추 2g • 고춧가루(고운 것) 10g • 소금 20g
• 마늘 2톨 • 생강 1톨

양념 비율

• **김칫국물 양념** : 물 1컵, 채썬 마늘, 채썬 생강, 소금 1/2작은술

만드는 법

❶ 물을 한 컵만 살짝 끓여서 식힌다.
❷ 무와 배추는 씻어서 2.5×2.5×0.2cm로 썰어 소금에 살짝 절인다.
❸ 마늘과 생강은 곱게 채썬다.
❹ 미나리와 실파는 다듬어 2.5cm 길이로 썬다.
❺ 고춧가루는 면보에 싸서 식혀둔 물에 불려 붉은색이 나도록 우려내어 김칫국물 양념을 만든다.
❻ ①, ②, ③을 가볍게 섞는다.
❼ 건더기 60g, 김칫국물 1컵이 되도록 담고 제출하기 직전에 실고추를 띄워 낸다.

Point

• 물은 그냥 사용하여도 상관없음
• 마늘과 생강은 다져 넣어도 상관없음

Memo

장김치

시험시간
20분

✤ 콩나물밥, 잡채, 두부선, 너비아니와 함께 출제됨
(과년도 : 2003.10.7, 2006.10.12, 2011.5.8)
✤ 장국죽, 제육구이, 잡채, 양동구리와 함께 출제됨
(과년도 : 2007.10.12, 2011.5.9)

요구사항

주어진 재료를 사용하여 다음과 같이 장김치를 만드시오.

❶ 무, 배추, 배는 3×2.5×0.2cm로 썰어 완성품을 제출하시오.

※ 시험장에 따라 요구사항과 지급재료 목록에 변동이 있을 수 있으니 주의하시오.

지급재료 목록

• 무 80g • 배추 80g • 갓 20g • 미나리 10g • 건표고버섯(불린 것) 1개 • 석이버섯 1장 • 대추 1알 • 생강 1톨
• 마늘 2톨 • 실고추 약간 • 잣 5알 • 간장 50㎖ • 물 2컵 • 소금 15g • 설탕 5g

양념 비율

• 김칫국물 : 물 2컵, 간장 3~4큰술, 설탕 약간

만드는 법

❶ 무는 3×2.5×0.2cm로 썰어 간장에 절인다.
❷ 배추도 무와 같은 크기로 썰어서 무가 어느 정도 절여진 후 함께 절인다.
❸ 마늘 · 생강은 곱게 채썰고, 미나리 · 갓은 3cm 길이로 썰고, 표고버섯 · 석이버섯은 손질하여 3cm로 채썬다.
❹ 배는 무 크기로 썰고, 밤은 편썰기하며, 잣은 고깔을 뗀다.
❺ 대추는 돌려깎기하여 씨를 빼고 채썬다.
❻ 절인 무와 배추에 나머지 재료를 섞어 놓는다.
❼ ⑥의 국물에 물을 섞어 간을 맞추고, 섞은 재료에 국물을 부어 그릇에 담아 낸다. 실고추와 석이버섯, 대추채, 잣을 올린다.

Point

• 무 먼저 절인 후 배추를 넣어 절인다(2시간 정도).
• 실고추와 석이버섯, 대추채, 잣은 고명으로 올린다.

Memo

깍두기

시험시간
25분

✤ 양파전, 된장찌개, 사슬적, 도라지정과와 함께 출제됨(**과년도 : 2001.11.7**)
✤ 어채, 만둣국, 장떡, 오이선과 함께 출제됨 (**과년도 : 2002.10.3, 2006.10.10, 2010.9.16**)
✤ 사슬적, 파전, 도라지생채, 된장찌개와 함께 출제됨(**과년도 : 2008.10.6**)

요구사항

주어진 재료를 사용하여 다음과 같이 깍두기를 만드시오.

❶ 무는 사방 2cm 크기로 써시오.
❷ 새우젓으로 양념하여 제출하시오.
※ 시험장에 따라 요구사항과 지급재료 목록에 변동이 있을 수 있으니 주의하시오.

지급재료 목록

• 무 500g • 쪽파 50g • 미나리 50g • 새우젓 20g • 굵은소금 1/4컵 • 고춧가루 40g • 생강 1톨 • 마늘 2톨 • 설탕 5g

양념 비율

• 고춧가루 2큰술, 새우젓 1큰술, 설탕 1작은술, 다진 마늘 1큰술, 다진 생강 1/2작은술

만드는 법

❶ 무는 사방 2cm 정도로 깍둑썰기하여 소금에 절였다가 체에 건진다.
❷ 쪽파와 미나리는 다듬어 씻어 4cm 정도의 길이로 썬다.
❸ 마늘과 생강은 곱게 다진다.
❹ 새우젓은 잡티를 골라내고 건더기만 건져 곱게 다진다.
❺ 무에 고춧가루를 넣어 잘 버무려 물을 들이고, 마늘 · 생강 · 새우젓 · 설탕을 넣고 간을 맞춘 다음 쪽파와 미나리를 넣고 가볍게 버무린 후 그릇에 담아 낸다.

Point

• 깍둑썰기한 무에 소금을 뿌려 절이고 다 절여지면 체에 밭쳐 양념한다.
• 깍둑썰기한 생무에 고춧가루를 먼저 버무린 후 양념을 하면 어느 정도 익었을 때 무에서 물이 나와 양념이 씻겨 내려 색이 흐려지고 국물이 많이 생기게 된다.

Memo

겉절이

시험시간
25분

✤ 수란, 칼국수, 수정과, 대추초와 함께 출제됨
(과년도 : 2006.10.11)

요구사항

주어진 재료를 사용하여 다음과 같이 겉절이를 만드시오.

❶ 겉절이는 고춧가루의 색이 골고루 배도록 무쳐서 제출하시오.

※ 시험장에 따라 요구사항과 지급재료 목록에 변동이 있을 수 있으니 주의하시오.

지급재료 목록

• 배추 200g • 대파 1개 • 마늘 1톨 • 생강 1톨 • 고춧가루 30g • 설탕 10g • 실파 2뿌리 • 깨소금 5g • 소금 20g • 새우젓 10g • 참기름 5㎖

양념 비율

• 양념장 : 고춧가루 2큰술, 새우젓 1큰술, 다진 마늘, 다진 생강

만드는 법

❶ 배추는 적당한 크기로 썰어 굵은소금에 절인 다음 씻어 건져서 물기를 뺀다.
❷ 마늘과 생강은 곱게 다지고, 새우젓도 다지고, 쪽파는 다듬어서 4cm 길이로 썬다.
❸ 물에 고춧가루를 넣어 불린 후 마늘, 생강, 새우젓을 넣고 고루 섞어 김치 양념을 만든다.
❹ 준비된 배추에 김치 양념을 넣어 버무리고 쪽파는 가볍게 버무리고, 소금으로 간을 맞춘다.

Point

• 기호에 따라 참기름, 설탕, 깨를 넣을 수도 있다.

Memo

Korean
Traditional Food

Part 11 후식 · 기타

화전

시험시간 **20분**

- 미나리강회, 수란, 사슬적, 오징어구이와 함께 출제됨
  (과년도 : 2001.11.6)
- 수정과, 북어보푸라기, 육회, 해물된장국과 함께 출제됨
  (과년도 : 2002.10.3, 2008.10.2)

요구사항

주어진 재료를 사용하여 다음과 같이 화전을 만드시오.

❶ 화전의 직경은 5cm, 두께는 0.4cm로 만드시오.

❷ 시럽을 사용하고 화전 5개를 제출하시오.

※ 시험장에 따라 요구사항과 지급재료 목록에 변동이 있을 수 있으니 주의하시오.

지급재료 목록

• 젖은 찹쌀가루(방앗간에서 빻은 것) 100g • 대추(중(마른 것)) 1개 • 식용유 10㎖ • 소금(정제염) 5g • 백설탕 40g
• 쑥갓 10g

양념 비율

• 시럽 : 설탕 4큰술, 물 4큰술

만드는 법

❶ 냄비에 물을 끓인다.
❷ 찹쌀가루는 소금을 넣고 뜨거운 물로 익반죽하여 위생 비닐에 넣어 숙성시킨다.
❸ 설탕과 물을 동량으로 중불에서 서서히 끓여 절반이 될 때까지 조려 시럽을 만든다.
❹ 대추는 돌려깎아 씨를 뺀 다음 돌돌 말아 꽃 모양으로 썰고, 쑥갓은 어린잎을 떼어 놓는다.
❺ 팬에 기름을 두르고 찹쌀 반죽은 직경 5cm, 두께 0.4cm로 동글게 빚어, 약한 불에 지지다가 한 면이 익으면 뒤집어서 배추꽃과 쑥갓잎을 붙여 모양을 내어 지진다.
❻ 그릇에 시럽을 조금 바르고 화전을 놓고 위에 시럽을 끼얹어 낸다.

Point

• 찹쌀가루는 익반죽해서 오래 끈기 있게 치대어 둥글게 모양을 잡아야 가장자리가 갈라지지 않는다.
• 반죽할 때 처음에는 숟가락으로 대충 혼합한 뒤 꾹꾹 뭉친 후 손으로 반죽해야 손에 많이 묻지 않아 좋고, 반죽에 식용유를 약간 넣어주면 손에 반죽이 붙지 않는다.
• 시럽은 설탕과 물이 동량이고 끓이는 과정에 거품이 일고 반 정도로 윤기나게 졸인다.
• 시럽은 끓이는 도중에 저으면 다시 하얗게 설탕으로 굳어지므로 젓지 않도록 한다.
• 찰떡궁합이라는 말이 있듯이 떡을 지질 때 떡끼리 간격을 띄워 지져야 서로 들러붙지 않는다.
• 떡을 익혀서 뒤집을 때 숟가락이나 뒤집개에 시럽을 묻혀 사용하면 떡이 들러붙지 않아서 좋다.

Memo

매작과

시험시간
30분

✤ 사슬적, 두부전골, 무생채, 잡채와 함께 출제됨 (과년도 : 2011.5.10)

요구사항

주어진 재료를 사용하여 다음과 같이 매작과를 만드시오.

❶ 매작과는 크기가 균일하게 2×5×0.3cm 정도로 만드시오.
❷ 매작과 모양은 중앙에 세 군데 칼집을 넣으시오.
❸ 시럽을 사용하고 잣가루를 뿌려 10개를 제출하시오.
※ 시험장에 따라 요구사항과 지급재료 목록에 변동이 있을 수 있으니 주의하시오.

지급재료 목록

• 밀가루(중력분) 50g • 소금(정제염) 5g • 식용유 300㎖ • 백설탕 40g • 생강 10g • 잣(깐 것) 5개 • A4용지 1장

양념 비율

• 시럽 : 설탕 4큰술, 물 4큰술

만드는 법

❶ 밀가루는 체에 내린 후 소금, 생강즙, 물을 넣어 되직하게 반죽하여 위생비닐에 넣어 숙성시킨다.
❷ 설탕과 물을 동량으로 중불에서 서서히 끓여 절반이 될 때까지 조려 시럽을 만든다.
❸ 잣은 A4용지에 다져서 잣가루를 만들어 놓는다.
❹ 밀가루 반죽을 밀대로 밀어 0.3×2×5cm로 자른 후 내 천(川)자의 칼집을 내고 가운데 한 번만 뒤집는다.
❺ 기름을 150℃ 정도로 하여 매작과를 노릇노릇하게 튀겨 시럽에 담가 건져 그릇에 담고 잣가루를 뿌린다.

Point

• 반죽할 때 처음에는 숟가락으로 대충 혼합한 뒤 꼭꼭 뭉친 후 손으로 반죽해야 손에 많이 묻지 않아서 좋고, 반죽에 식용유를 약간 넣어주면 손에 반죽이 붙지 않는다.
• 튀김 시 보통 튀김요리보다 약간 낮은 온도(150℃)에서 튀김용 나무젓가락으로 틈이 벌어지지 않도록 가운데를 잡아 매작과를 예쁘게 튀긴다.
• 시럽은 설탕과 물이 동량이고 끓이는 과정에 거품이 일면 반 정도로 줄 때까지 윤기나게 졸인다.
• 시럽은 끓이는 도중에 저으면 다시 하얗게 설탕으로 굳어지므로 젓지 않도록 한다.
• 잣은 젖은 면보로 닦은 후 잣눈을 제거하고, A4용지를 깔고 칼로 눌러 기름을 제거한 뒤 칼로 곱게 다져 잣가루를 만들어 사용한다.

Memo

섭산삼

시험시간
30분

✣ 두부조림, 호박죽, 오이숙장아찌, 오이생채와 함께 출제됨
(과년도 : 2007.10.14)

요구사항

주어진 재료를 사용하여 다음과 같이 섭산삼을 만드시오.

❶ 섭산삼은 하얗게 바삭하게 튀겨서 설탕을 뿌려 7개 제출하시오.

※ 시험장에 따라 요구사항과 지급재료 목록에 변동이 있을 수 있으니 주의하시오.

지급재료 목록

• 더덕(껍질 있는 것) 5뿌리 • 찹쌀가루 1/2컵 • 설탕 10g • 소금 5g

만드는 법

❶ 더덕은 껍질을 벗기고 길이로 갈라 소금물에 쓴맛을 우려낸 후 방망이로 자근자근 펴준다.
❷ 찹쌀가루는 체에 내려 곱게 가루로 준비한 후 ①의 더덕에 찹쌀가루를 골고루 묻힌다.
❸ 팬에 기름을 넣어 뜨거워지면 색깔이 나지 않게 하얗게 바삭하게 튀긴다.
❹ 튀긴 더덕을 그릇에 담아 낸다.

Point

• 더덕의 껍질은 옆으로 돌려가면서 벗긴 다음 길이로 갈라 소금물에 담가 떫은맛을 뺀 다음 방망이로 두들겨 부드럽게 한다.
• 요구사항에 초간장을 곁들여 내는 경우도 있다.
• 더덕을 튀기고 나서 설탕을 뿌리거나 꿀물에 담가 건져내는 조리법도 있다.

Memo

율란 & 조란

시험시간 **40분**

✤ 칠절판, 무숙장아찌, 미나리강회, 장산적과 함께 출제됨
(과년도 : 2004.9.22, 2007.10.12, 2009.4.24, 2010.9.18)

요구사항

주어진 재료를 사용하여 다음과 같이 율란 & 조란을 만드시오.

❶ 율란 10개와 조란 10개를 제출하시오.

※ 시험장에 따라 요구사항과 지급재료 목록에 변동이 있을 수 있으니 주의하시오.

지급재료 목록

• 밤(껍질 깐 것) 10개 • 소금 5g • 설탕 10g • 꿀 15㎖ • 계핏가루 5g • 대추 20개 • 잣 20g

만드는 법

1. 밤은 무르게 쪄서 소금으로 간한 다음 체에 내린다.
2. ①에 꿀을 넣고 빚어서 밤 모양으로 만들고 밑동에 계핏가루를 묻힌다. (잣이 나올 경우 잣가루를 내어, 밑동에 꿀을 조금 바른 후 잣가루를 묻힌다.)
3. 대추는 씻어 찜통에 살짝 찐 다음 씨를 발라내고 곱게 다진다.
4. 냄비에 물, 설탕을 넣어 끓으면 대추를 넣고 나무주걱으로 저으면서 수분이 완전히 없어질 때까지 은근히 조린 후 계핏가루와 꿀을 넣고 식힌다.
5. 조린 대추를 원래의 대추 모양으로 빚어서 꼭지부분에 통잣을 끼워 반쯤 나오게 한다.
6. 잣 박힌 쪽이 위로 오게 하여 그릇에 담는다. (대추에 당분이 많은 것은 살짝 찜통에 쪄서 곱게 다진 다음 꿀과 계핏가루를 넣고 다시 대추모양으로 빚어서 잣을 끼우는 조리방법도 있다.)

Point

• 대추는 나무주걱으로 젓다가 단단한 느낌이 들면서 한 덩어리로 뭉쳐져 젓기가 힘들다고 느껴질 때까지 조린다.
• 조려진 대추에 수분기가 많으면 꿀을 덜 넣고 조린다.
• 율란 반죽할 때도 반죽의 정도를 보아가며 꿀을 조금씩 넣어 반죽이 너무 질어지지 않게 한다.

Memo

대추초

시험시간
25분

수란, 칼국수, 겉절이, 수정과와 함께 출제됨
(과년도 : 2006.10.11)

요구사항

주어진 재료를 사용하여 다음과 같이 대추초를 만드시오.

❶ 대추초는 10개를 만들어 제출하시오.

※ 시험장에 따라 요구사항과 지급재료 목록에 변동이 있을 수 있으니 주의하시오.

지급재료 목록

• 대추 16개 • 꿀 30g • 물엿 30g • 잣 30알 • 계핏가루 5g

양념 비율

• 물 1~1/2컵, 설탕 2큰술, 물엿 1큰술, 꿀 1큰술

만드는 법

❶ 대추는 젖은 면보로 닦아서 먼지를 없애고, 돌려깎기하여 씨를 발라낸다.
❷ 잣은 고깔을 따고 대추의 씨 뺀 자리에 서너 개씩 채워 꿀을 조금씩 바른 다음 원래의 대추 모양으로 오므린다. 꼭지부분에 잣이 반쯤 나오게 박는다.
❸ 냄비에 잣을 채운 대추와 꿀을 담아 약한 불에 나무주걱으로 저으면서 서서히 볶아 꿀이 거의 졸면 계핏가루를 뿌려서 살짝 섞는다.
❹ 대추초를 하나씩 떼어 잣을 박은 쪽이 위로 가도록 그릇에 담는다.

Point

• 대추씨를 빼고 청주를 고루 뿌려 뚜껑을 덮고 3시간 정도 두면 부풀어 주름이 펴지고 만지기도 쉽다.
• 먼저 대추만 꿀에 조리고 잣을 나중에 채워 만들기도 한다.
• 잣이 빠지면 한 김 식은 후에 다시 넣고 말아준다.
• 센 불에 조리면 색이 검어지고 쭈글쭈글해지므로 약한 불에서 천천히 조린다.

Memo

도라지 정과

시험시간 **30분**

✣ 양파전, 된장찌개, 깍두기, 사슬적과 함께 출제됨
(과년도 : 2001.11.7)

요구사항

주어진 재료를 사용하여 다음과 같이 도라지정과를 만드시오.

❶ 도라지는 1×6×0.6cm 크기로 정과를 만들고, 제시된 재료 전량을 제출하시오.

※ 시험장에 따라 요구사항과 지급재료 목록에 변동이 있을 수 있으니 주의하시오.

지급재료 목록

- 도라지(껍질 있는 것) 200g • 물엿 2큰술 • 설탕 100g • 소금 5g • 꿀 2큰술

양념 비율

- 물 2컵, 소금 약간→물 1컵, 설탕 4큰술, 소금 약간→물엿 1큰술→꿀 1큰술

만드는 법

❶ 통도라지는 껍질을 벗기고 1×6×0.6cm 크기로 썰어 소금물로 씻어 쓴맛을 뺀 후 끓는 물에 살짝 데쳐 찬물에 헹구어 건진다.

❷ 냄비에 데친 도라지, 설탕, 소금, 물을 넣고 끓인다.

❸ 끓기 시작하면 불을 줄여 반쯤 조려지면 물엿을 넣고 뚜껑을 덮어 투명해질 때까지 서서히 조려 자작해지면 꿀을 넣는다.

❹ 정과를 체에 밭쳐 식혀서 시럽을 빼고 그릇에 담는다.

Point

- 통도라지는 너무 오래 삶으면 부서지므로 살짝 삶아내어 조린다(약 3분 정도).
- 도라지의 색이 말갛게 될 때까지 조려야 물엿과 꿀이 속에 배어든다(센 불에서 2분 정도, 약한 불에서 40분 정도).
- 너무 자주 젓지 않도록 주의한다.
- 도라지를 손질할 때 껍질을 매끄럽게 벗기지 않으면 조리는 과정에서 풀어져 모양에 볼품이 없다.
- 통도라지는 가급적 몸체 두께가 같은 것으로 골라서 요리하는 것이 좋다. 두께가 다르면 익는 시간이 서로 다르기 때문에 균일한 색이 나오지 않는다.
- 도라지정과는 통으로 하거나 골패 모양으로 썰어서 만들기도 한다.

Memo

삼색경단

시험시간 **25분**

✤ 오이소박이, 수란, 어만두, 두부선과 함께 출제됨
(과년도 : 2003.10.7, 2007.10.13, 2011.5.8)

요구사항

주어진 재료를 사용하여 다음과 같이 삼색경단을 만드시오.

❶ 완자를 지름 2cm 크기로 하여 3가지 고물로 만들어 각각 3개씩 제출하시오.

※ 시험장에 따라 요구사항과 지급재료 목록에 변동이 있을 수 있으니 주의하시오.

지급재료 목록

• 찹쌀가루 2컵 • 잣 1큰술 • 소금 5g • 꿀 20g • 흑임자 1/2컵 • 콩가루 1/2컵 • 푸른 콩가루 1/2컵

양념 비율

• 시럽 : 물 5큰술, 설탕 5큰술

만드는 법

❶ 찹쌀가루는 소금을 넣어 체에 쳐서 뜨거운 물에 익반죽 한다.
❷ 흑임자는 설탕과 소금을 넣어 곱게 으깨서 사용한다.
❸ 푸른 콩가루와 콩가루를 준비한다.
❹ ①을 원기둥 모양으로 길게 만들어 지름 2cm 크기로 떼어내고 잣을 1알씩 넣어 동그랗게 9개를 빚는다.
❺ ④를 끓는 물에 삶아 동동 뜨면 체로 건져내고 찬물에 담가 식혀서 물기를 빼고 꿀에 담근다.
❻ ⑤를 건져서 3개씩 흑임자가루, 콩가루, 푸른 콩가루 고물을 묻히고 접시에 보기 좋게 담는다.

Point

• 흑임자가 안 나오는 경우 볶아서 사용한다.
• 카스텔라 빵이 나올 경우 잘게 부수어 굵은 체에 내려서 가루로 만들어 사용한다.
• 경단을 삶을 때에는 물의 양을 충분히 하여 팔팔 끓을 때 넣어야 하며, 경단이 말갛게 익어서 떠오르면 건져 찬물에 헹구어 재빨리 건져 물기를 제거해야 모양이 단단해지고 볼품이 있다.
• 삶은 경단의 물기를 빼서 꿀에 담갔다가 건져 꿀이 완전히 빠진 다음 고물을 묻혀야 깨끗하고 모양이 예쁘다.
• 꿀이 나오지 않을 경우 시럽을 만들어 사용한다.

Memo

수정과

시험시간 **30분**

♣ 수란, 칼국수, 겉절이, 수정과, 대추초와 함께 출제됨
(과년도 : 2006.10.11)
♣ 화전, 북어보푸라기, 육회, 해물된장국과 함께 출제됨
(과년도 : 2002.10.3, 2008.10.2)

요구사항

주어진 재료를 사용하여 다음과 같이 수정과를 만드시오.

❶ 곶감과 잣을 띄워 제출하시오.

※ 시험장에 따라 요구사항과 지급재료 목록에 변동이 있을 수 있으니 주의하시오.

지급재료 목록

• 생강 50g • 통계피 50g • 황설탕 1컵 • 곶감 3개 • 호두 3개 • 잣 10g

만드는 법

❶ 생강은 얇게 저미고, 통계피를 조각낸 다음 깨끗이 씻는다.
❷ 곶감은 꼭지와 씨를 빼고 얇게 펴서 호두를 넣고 말아 모양을 만든 후 자른다.
❸ 잣은 고깔을 떼어 놓는다.
❹ 저민 생강에 물 6컵을 넣어 약한 불에서 30분 정도 끓여 면보에 거른다.
❺ 계피에 물 6컵을 넣어 약한 불에서 30분 정도 끓여 면보에 거른다.
❻ ④, ⑤의 끓인 물을 합하여 설탕을 넣고 10분 정도 끓여서 식힌다.
❼ 통곶감을 사용할 때는 수정과 물을 약간 덜어내어 곶감을 불려 부드러워지면 그릇에 담고 수정과 물을 부어 낸다. 잣을 서너 알 띄운다.

Point

• 생강과 통계피를 함께 끓여 쓰는 방법도 있으나, 각각 끓여 걸러서 혼합해야 특유의 향과 맛을 살릴 수 있다.

Memo

수란

시험시간 **15분**

- 미나리강회, 화전, 사슬적, 오징어구이와 함께 출제됨
  (과년도 : 2001.11.6)
- 칼국수, 겉절이, 수정과, 대추초와 함께 출제됨
  (과년도 : 2006.10.11)

요구사항

주어진 재료를 사용하여 다음과 같이 수란을 만드시오.

❶ 달걀흰자가 노른자를 완전히 덮게 하여 고명을 올려 제출하시오.

❷ 수란은 반숙으로 익혀 내시오.

※ 시험장에 따라 요구사항과 지급재료 목록에 변동이 있을 수 있으니 주의하시오.

지급재료 목록

• 달걀 1개 • 실고추 2g • 석이버섯 5g • 실파 1뿌리 • 식초 15㎖ • 소금 5g

만드는 법

❶ 냄비에 수란기나 국자가 충분히 잠길 만큼 물을 넉넉히 붓고 소금을 넣어 끓인다.
❷ 수란기나 국자에 약간의 참기름을 발라 끓는 물에 길들인 후 노른자가 터지지 않게 달걀을 깨뜨린다.
❸ 달걀을 국자 중앙에 오도록 조심스럽게 부은 후 끓는 물 표면에서 서서히 익힌 다음 불을 줄이고, 식초를 넣은 다음 물속에 조심스럽게 넣어 반숙으로 익힌다.
❹ 석이버섯, 실파, 실고추는 0.1×1cm 크기로 곱게 채썬다.
❺ 반숙란을 조심스럽게 그릇에 옮겨 담고, 고명을 보기 좋게 얹어 낸다.

Point

• 수란 조리 시 끓는 물에 소금과 식초를 넣어 달걀의 응고를 촉진시킨다.

Memo

저자

Profile

김이수

- 고려대 가정학과(영양학 전공) 석사, 경기대 외식조리학과(조리학 전공) 박사
- 부천대학교, 혜전대학 교수 역임
- 방송(SBS, KBS, MBC, EBS 등), 요리연재 및 칼럼리스트
- 부천시청 일품업소 선정 및 서비스교육 위원, 부천 어린이급식센터 운영위원
- 한식 메뉴개발 컨설턴트(한국음식전략연구원), 참살이실습터(중소기업청 연구원), 한식문화재단 스타쉐프 연구원, NCS(국가직무능력표준개발) 관광레저서비스 연구개발 위원
- 한국산업인력공단 조리기능사 및 조리산업기사 심사위원, 향토식문화대전 · 서울국제푸드앤테이블웨어 등 요리대회 심사위원
- 조리산업기사, 조리기능사, 중등교사 교원자격증, 직업능력개발훈련 교사자격증, Servsafe (미국 NRA 공인 식품위생사) 자격증, 테이블코디네이터, 아동요리지도사, 바리스타, 플로리스트 자격증
- 미국, 호주, 뉴질랜드, 일본, 중국 등 외식조리 관련 대학 해외연수

〈저서〉

- 최신식품조리과학, 조리영양학, 메뉴경영관리론, 한식조리기능사 이론, 한식조리기능사 실기, 조리기술 위생사 기술자격 매뉴얼 등

〈연구 논문〉

- 초등학교 5학년 학생들의 식습관 형성에 영향을 미치는 요인 연구
- 서울지역 초등학교 학생들의 성별에 따른 식행동 양상 연구
- Factors in the Effect of Market Orientation on Marketing Performance in Food Service Company, 국제학술대회
- 외식기업의 시장지향성과 마케팅성과 및 매개변수에 관한 연구
- 외식비 소비지출에 따른 성인의 식행동 양상에 관한 연구
- 연령증가에 따른 영양지식 관심도와 식품섭취 실태 및 식생활 양상에 관한 연구
- 식사의 규칙성이 식생활 양상에 미치는 영향 등
- 식생활관리자에 따른 부천지역 남녀 고등학생의 영양지식 및 식습관 실태 비교 연구
- 서비스종사자의 정서노동이 직무만족 및 서비스 태도에 미치는 영향 등

- MHS 호텔조리학부 교수, 관광학 박사

Point를 콕콕 짚어주는

한식조리산업기사 실기편

2014년 7월 10일 초판 1쇄 인쇄
2014년 7월 15일 초판 1쇄 발행

저 자 김 이 수
발행인 진욱상 · 진성원
발행처 백산출판사

서울시 성북구 정릉로 157(백산빌딩 4층)
등록 : 1974. 1. 9. 제 1-72호
전화 : 02-914-1621, 02-917-6240
FAX : 02-912-4438
http://www.ibaeksan.kr
editbsp@naver.com

저자와의 협의하에 인지첩부 생략

값 20,000원
ISBN 978-89-6183-011-9